Nietzsches Philosophie

Nietzsches Philosophie

vom Standpunkte des

modernen Rechts

von

Dr. Adelbert Düringer
Reichsgerichtsrat

Zweite ergänzte Auflage

Verlag von Veit & Comp. in Leipzig
1906.

Seinem lieben Freunde

Herrn Dr. Adolf Kühn

Ministerialdirektor in Karlsruhe

zugeeignet

Inhalt

Die Schriften Nietzsches sind als „Werke" nach Band- und Seitenzahlen der Gesamtausgabe (Verlag von C. G. Naumann, Leipzig 1901 fg.) zitiert.

Erster Abschnitt

Einleitung

Zweck der Schrift

Die vorliegende Schrift ist nicht für *„Übermenschen“* und nicht für *„Herrenmenschen“* im Sinne der Phraseologie Nietzsches geschrieben. Sie wendet sich vielmehr an diejenigen, welche sich damit begnügen, aber auch Anspruch darauf erheben, gesunden Menschenverstand zu besitzen. Sie wendet sich vorzugsweise an die juristischen Kollegen, denen ein außerdienstlicher Ausflug in philosophisches Gebiet vielleicht nicht unwillkommen ist, wenn sie dabei auch manchem begegnen, das ihnen schon bekannt war. Die Umgestaltung unseres staatlichen und wirtschaftlichen Lebens in der zweiten Hälfte des vorigen Jahrhunderts, die Schöpfung und Einführung großartiger Gesetzgebungswerke, die Notwendigkeit, mit den gewaltigen Fortschritten der technischen und der Naturwissenschaften in Fühlung zu bleiben, haben den Blick der deutschen Juristen in den letzten Jahrzehnten von der rein spekulativen Philosophie abgelenkt und ihre Kräfte für dringende praktische Aufgaben in Anspruch genommen. Wer jedoch nicht in dem mehr oder weniger begrenzten Kreis der Berufsarbeit aufgehen, sich selbst und seine Individualität nicht darin verlieren will, der fühlt wohl von Zeit zu Zeit das Bedürfnis, auf eine höhere Warte zu steigen und von da aus der „Erscheinungen Flucht“ zu überschauen. Er wird daraus neue Kraft und Anregung für seinen eigentlichen Wirkungskreis gewinnen. Die Philosophie kann für das Verständnis unseres Kulturlebens nicht entbehrt werden. Eine Geistesrichtung aber, welche so laut und so aufdringlich sich geltend macht, wie die von den Verehrern Nietzsches gepredigten Lehren dieses Denkers, darf der Jurist, den sein Beruf mitten in das praktische Leben stellt, am allerwenigsten ignorieren. Allerdings kann von einem direkten Einfluß dieser Geistesrichtung auf das Rechtsleben kaum gesprochen werden. Dazu sind die Lehren Nietzsches zu unpraktisch, zu weltfremd, zu rein negativ. Denn sie enthalten wohl eine skrupellose und leidenschaftliche Kritik der geltenden Werte; was sie aber als Ersatz bieten, ist krankhaft, unwahr, unmöglich. Um so größer ist der Einfluß, den sie vielfach auf den Einzelnen ausüben, und zwar gerade auf solchen Gebieten, welche die Grundlagen der bestehenden Rechtsordnung berühren. So auf dem Gebiet der Ehe, in der Auffassung der Stellung der Frau, in der Einschätzung der herrschenden Volksmoral und jenes allgemeinen, gesetzlich nicht bestimmbaren Rechtsempfindens, für welches die juristische Technik die Bezeichnung „sittlich“ und „unsittlich“ gewählt hat.

Nietzsche der Philosoph der Mode

Es wird in den letzten Jahren so außerordentlich viel über Nietzsche und seine Philosophie gesprochen und geschrieben, gefabelt und geglaubt, daß mancher meint, er dürfe sich nicht zu den „Gebildeten“ rechnen, wenn er nicht auch etwas über Nietzsche zu sagen wüßte. Besonders in allen Zirkeln und „Kränzchen“, in denen ästhetische, literarische oder künstlerische Bestrebungen gepflegt und gefördert werden (oder in denen man sich wenigstens den Anschein gibt, dies zu tun), bildet Nietzsche den aktuellsten Gegenstand des Interesses. Mit vollem Rechte hat man ihn daher den Philosophen der Mode genannt. Wanderredner, welche dieser Strömung Rechnung tragen, ziehen von Stadt zu Stadt, um vor einem für philosophische Fragen völlig unvorbereiteten, urteilslosen Publikum durch populäre Vorträge die innerlich unpopulärste aller Philosophien zu verkünden und populär zu machen. Der düstere Denkerkopf Nietzsches schmückt neben dem göttlich heiteren Antlitz eines Goethe oder Mozart die Schaufenster der Kunst- und Buchhandlungen. Besondere Nietzsche-Vereine machen es sich zur Aufgabe, das Interesse für die Werke Nietzsches zu fördern und seine Ansichten zu verbreiten. Was modern ist oder modern sein will, wetteifert in der Verherrlichung des neuen Genies, was um so leichter und gutgläubiger geschehen kann, je weniger man von den Schriften Nietzsches und ihrem eigentlichen Kerne weiß. Wer wollte aber heutzutage nicht modern sein! „Reif sein" ist nichts; „modern sein" – alles!

Betrachtet man diese auffällige Erscheinung, auf deren Ursachen noch in anderem Zusammenhange einzugehen sein wird, so müssen diejenigen, die den Wert einer Sache nach ihrem äußeren Erfolge zu beurteilen gewohnt sind — und das ist ja immer die weit überwiegende Mehrheit — zu der Annahme gedrängt werden, daß Nietzsche in der Tat etwas Großes und Bedeutendes, für die Wissenschaft und für die Menschheit dauernd Wertvolles geschaffen habe. Die große Zurückhaltung, welche die eigentliche wissenschaftliche Welt, welche speziell die philologischen und philosophischen Fachgenossen Nietzsches gegenüber seinen Schriften an den Tag legen, wird als Rückständigkeit und Übelwollen gedeutet, und so hat sich schon wenige Jahre nach dem Tod des unglücklichen Denkers um ihn und sein Werk ein Mythos gebildet, welcher ihn in der Vorstellung der Gebildeten – *„Bildungsphilister"* wie sie Nietzsche spöttisch nennt[1] – in einem völlig falschen Lichte erscheinen läßt.

Äußerer Lebensgang Nietzsches

Der äußere Lebensgang Nietzsches ist kurz berichtet. Er ist am 15. Oktober 1844 zu Röcken, einem Dorfe in der Nähe von Lützen, als der Sohn des dortigen Pastors Nietzsche geboren. Schon in früher Jugend (1849) verlor er den Vater, welcher infolge eines Sturzes sich ein Ge-

[1] Werke I, 186.

hirnleiden zuzog, dem er erlag. Nietzsche besuchte zunächst Schule und Gymnasium in Naumburg, dann (1858 bis 1864) in Pforta. Im Spätjahr 1864 bezog er die Universität Bonn, wo er philologische und historische Kollegien hörte, auch in die Burschenschaft „Frankonia" eintrat. Die folgenden Jahre studierte er in Leipzig. Hier gewann der Philologe Friedrich Wilhelm Ritschl großen Einfluß auf ihn; auch knüpfte er hier mit Erwin Rohde einen Freundschaftsbund, der später in einem langjährigen Briefwechsel[1] warmherzigen Ausdruck fand. In den Jahren 1867 und 1868 genügte Nietzsche seiner Militärpflicht in Naumburg. Er kehrte 1868 nach Leipzig zurück, um sich für das Doktorexamen und zur Habilitation als Privatdozent vorzubereiten. Im gleichen Jahre wurde der erst Vierundzwanzigjährige, welcher durch seine philologischen Aufsätze im Rheinischen Museum die Aufmerksamkeit des Basler Erziehungsrates Vischer auf sich gezogen hatte, auf die Empfehlung Ritschls als außerordentlicher Professor an die Universität Basel berufen.[2] Hier hatte Nietzsche neben seinen Vorlesungen an der Universität auch den griechischen Unterricht in den obersten Klassen des Pädagogiums zu leiten. Schon im März 1870

[1] Gesammelte Briefe Nietzsches (Berlin-Leipzig 1902).

[2] Diels (Festrede, gehalten in der Kgl. Akademie der Wissenschaften am 23. Januar 1902) spricht von einer „vorschnellen und wie man jetzt wohl allgemein zugestehen wird, unberechtigten Überschätzung seiner Lehrer" (Abdruck aus den Sitzungsberichten S. 8).

wurde Nietzsche zum ordentlichen Professor ernannt. Von Basel aus besuchte Nietzsche wiederholt den damals in Triebschen bei Luzern wohnhaften Dichterkomponisten Richard Wagner, mit welchem er schon während des Aufenthaltes in Leipzig persönliche Beziehungen angeknüpft hatte, und für dessen Werke er in schwärmerischem Enthusiasmus begeistert war. Nach Ausbruch des deutsch-französischen Krieges erhielt Nietzsche die Erlaubnis, das deutsche Heer als Krankenpfleger zu begleiten. Er erkrankte jedoch, als er einen Transport Verwundeter von dem Schlachtfeld bei Wörth nach Deutschland begleitete, schwer an Brechruhr und Diphtheritis. Noch halb Rekonvaleszent nahm er im Wintersemester 1871 bis 1872 seine Lehrtätigkeit in Basel wieder auf, mußte sich aber schon im Januar wegen seines Gesundheitszustandes beurlauben lassen. Die Krankheit — Magenleiden, Migräne, Augenleiden — hat ihn von da an nie mehr ganz verlassen, so sehr er auch gegen sie ankämpfte. Im Wintersemester 1875 bis 1876 mußte Nietzsche seine Vorlesungen vorzeitig abbrechen. Das Wintersemester 1876 bis 1877 und das Sommersemester 1877 verbrachte er teils in Sorrent, teils in der Schweiz. Nach seiner Rückkehr nach Basel wurde Nietzsche von der Lehrtätigkeit am Pädagogium entbunden, vermochte aber auch nach dieser Erleichterung seinen Berufspflichten nicht mehr nachzukommen. Er bat im Frühjahr 1879 um seine Zurruhesetzung, welche ihm unter Bewilligung einer Pension von

3000 Franken gewährt wurde. In dem folgenden Jahrzehnt hatte Nietzsche keinen ständigen Wohnsitz. Die Wahl des Aufenthaltes war durch seinen Gesundheitszustand bedingt. Erleichterung und Stärkung brachte ihm jeweils der Aufenthalt im Hochgebirge. Die Sommermonate verlebte er wiederholt im Engadin, in Sils Maria, den Winter an der Riviera. Ende Dezember 1888 trat ein paralytischer Anfall ein, welcher die dauernde geistige Umnachtung Nietzsches zur Folge hatte. Nach vorübergehendem Aufenthalt in Irrenanstalten wurde er von seiner in Naumburg lebenden Mutter, später von seiner Schwester, Frau Foerster-Nietzsche, in Pflege genommen. Am 25. August 1900 erlag er seinem Leiden.

Geistige Entwickelung Nietzsches; seine Schriften, Übersicht

Die zahlreichen Schriften Nietzsches hat man mit Recht, nach der Geistesrichtung ihres Autors, in drei Perioden eingeteilt. Nur darf man dabei nicht übersehen, daß diese Perioden keineswegs scharf gegeneinander abgegrenzt, sondern durch Übergänge vermittelt sind. Auch sind gewisse Grundanschauungen allen drei Perioden gemeinsam. In seiner ersten Periode stand Nietzsche vollständig unter dem philosophischen Einfluß Schopenhauers, unter dem ästhetischen Einfluß Richard Wagners. Schopenhauers Weltanschauung beherrschte in der Mitte des vorigen Jahrhunderts die einer religiösen und die der klassisch-philosophischen Auffassung abgeneigten Geister, bis der wissenschaftliche Materialismus durch die Forschungen Darwins und anderer neue Impulse empfing und sie in ihrer Popularität ablöste. In der Kunst gehörte um jene Zeit ein gewisser Mut dazu, sich entschieden und bedingungslos auf die Seite Richard Wagners zu stellen. Der jugendliche Nietzsche baute seine Weltanschauung auf der Metaphysik Schopenhauers auf. Er glaubte aber im Gegensatz zu diesem zu einer Lebensbejahung kommen zu müssen. Er forderte eine höhere Kultur für die Menschheit und erwartete die Verwirklichung dieses Ideals von den Werken Wagners. Von der positiven Erkenntnis (im Gegensatz zur metaphysischen), von den Ergebnissen der exakten Wissenschaften dachte er damals gering, ebenso von dem Wert der historischen Forschung. In diese Periode, welche die Jahre 1870 bis 1876 umfaßt, fallen „Die Geburt der Tragödie“, die Vorträge „Über die Zukunft unserer Bildungsanstalten“, „Die unzeitgemäßen Betrachtungen“, nämlich: „David Strauß, der Bekenner und der Schriftsteller“, „Vom Nutzen und Nachteil der Historie für das Leben“, „Schopenhauer als Erzieher“, „Richard Wagner in Bayreuth.“ Die zweite Periode kennzeichnet sich durch die völlige Abkehr Nietzsches von Wagner. Er hat sie als eine Genesung aus schwerer Krankheit empfunden und bezeichnet. An Stelle der rein metaphysischen Weltanschauung und der Versenkung in die Kunstwerke Wagners tritt bei Nietzsche die Wertschätzung der positivistischen Forschung und der historischen Methode. In dieser Richtung wurde Nietzsche durch den

Positivisten Rée bestärkt, dessen persönliche Bekanntschaft er gemacht hatte. In diese Periode fallen die Schriften der Jahre 1877 bis 1882 „Menschliches, Allzumenschliches" (zwei Bände), „Morgenröthe", „Die fröhliche Wissenschaft". In der dritten Periode kehrt Nietzsche zu der Metaphysik zurück. Die positivistische Methode reicht ihm nicht aus, seine Idee von der „ewigen Wiederkunft des Gleichen" zu begründen. Mit dieser aber und mit der Lehre vom Übermenschen glaubte er tiefste, Jahrtausende überdauernde Wahrheiten entdeckt zu haben. Die Schriften dieser letzten Periode (1882 bis 1888) sind: „Also sprach Zarathustra", „Jenseits von Gut und Böse", „Zur Genealogie der Moral", „Der Fall Wagner", „Götzendämmerung", „Nietzsche contra Wagner", „Umwertung aller Werte" („Der Antichrist"). Eine Reihe nachgelassener Schriften sind durch das Nietzsche-Archiv veröffentlicht. Gemeinsam ist allen drei Perioden Nietzsches seine Überzeugung von der Mangelhaftigkeit, *„dem Barbarismus"* der gegenwärtigen Bildung, sein leidenschaftliches Streben nach Herbeiführung eines höheren Kulturideals; gemeinsam ist ihnen seine Auffassung, daß jede höhere Kultur nur Vorrecht Einzelner sei (sozial-aristokratischer Individualismus im Gegensatz zu der herrschenden Demokratisierung); gemeinsam endlich seine Abwendung vom Christentum, die sich in den beiden letzten Perioden zur fanatischen Bekämpfung aller Religion und der christlichen Ethik insbesondere steigert.

Beurteilung der geistigen Veranlagung Nietzsches

Ein objektives allgemeines Urteil über Nietzsche und seine Werke zu fällen, bietet ungewöhnliche Schwierigkeiten. Sie werden noch vermehrt dadurch, daß auch psychiatrische Momente zu berücksichtigen sind. Insbesondere hat die Frage, wie lange die Geisteskrankheit Nietzsches ihre Schatten vorauswarf, von wann an sie seinen Intellekt, seine Auffassungen und Vorstellungen beeinflußte, bereits zu vielfachen und teilweise leidenschaftlich geführten Erörterungen Anlaß gegeben. Es ist gewiß unrichtig und ohne objektive Grundlage, wenn Chamberlain[1] es als „vor aller Augen liegend" bezeichnet, daß Nietzsche in dem Augenblick ein Opfer des Wahnsinns wurde, als er von Wagner abfiel. Vielmehr stammen gerade aus der Zeit nach diesem Abfall bis zum Beginn der achtziger Jahre seine vernünftigsten und relativ gesundesten Schriften. Aber ebenso unrichtig ist es, wenn Raoul Richter[2] erklärt, man habe kein wissenschaftliches Recht, den Ausbruch der Geisteskrankheit vor das Jahr 1889 zu legen. Wenn wissenschaftliche Forschung nicht auf blindem Personenkultus, sondern auf dem gewissenhaften, allerdings nie zu stillenden Streben nach Wahrheit beruht, so besteht nicht nur ein wissenschaftliches Recht, sondern die wissenschaftliche Pflicht, sich nicht gegen die erkennbaren

[1] Grundlagen des neunzehnten Jahrhunderts, V. Aufl., Bd. I, S. XXV.

[2] Raoul Richter: Friedrich Nietzsche, sein Leben und sein Werk (Leipzig 1903), S. 83.

Symptome der Geisteskrankheit in den Schriften der letzten Jahre zu verschließen. Ja, man sollte meinen, daß gerade die aufrichtigsten Verehrer Nietzsches hierzu alle Veranlassung hätten! Nach den sehr eingehend und überzeugend begründeten Feststellungen von Möbius[1] ist der Einfluß der Gehirnkrankheit (Folge geschlechtlicher Ansteckung) bei Nietzsche schon seit dem Jahre 1881 entschieden nachweisbar.

Die Beurteilung der Werke Nietzsches wird je nach dem Standpunkt, den man gegenüber seinen Anschauungen einnimmt, notwendig eine subjektiv gefärbte sein. Seiner intakten Persönlichkeit werden fast alle Beurteiler gerecht. Ob freilich Nietzsche mit seinen Anlagen und mit seinen Anschauungen im Kampfe des praktischen Lebens bestanden hätte, muß sehr fraglich erscheinen. Ein solcher ist ihm erspart geblieben. Er hatte genügendes Auskommen und außer der Sorge für seine Gesundheit keine äußeren Schicksalschläge zu ertragen. Von seiner kurzen Lehrtätigkeit in Basel abgesehen, hat er Pflichten gegen Staat, Familie oder Gesellschaft nie übernommen und daher wenig Gelegenheit gehabt, sich in

[1] P. J. Möbius: Nietzsche (bei J. A. Barth, Leipzig 1904); vgl. insbesondere S. 2, 99ff., 103ff., 190. Die Auffassung von Möbius wird gebilligt von Kraepelin, Lehrbuch der Psychiatrie, VII. Aufl., Bd. I, S. 311. Im Gegensatz zu der übereinstimmenden Diagnose der Ärzte bestreitet Frau Foerster-Nietzsche (vgl. Biographie Bd. II, 2, S. 922), daß die Krankheit ihres Bruders überhaupt Paralyse gewesen sei.

verantwortlicher Lebensstellung zu erproben. Nietzsche war eine fein organisierte Natur mit reicher ästhetischer Begabung. Seine musikalische Veranlagung war so groß, daß er sich beim Abgang vom Gymnasium ernstlich die Frage vorlegen durfte, ob er die Musik nicht als Lebensberuf wählen sollte.[1] Zu der musikalischen kam eine unverkennbare dichterische Begabung. Wenn reiche Phantasie, zartes Formempfinden und ungewöhnliche Beherrschung des Ausdruckes für einen lyrischen Dichter ausreichen, so sollte man annehmen, daß Nietzsche ein solcher gewesen wäre. Aber seine zahlreichen Gedichte (Gedankenlyrik) hinterlassen keinen nachhaltigen Eindruck. Es fehlt ihnen alle Wärme und Tiefe des Gemüts. Dagegen ist Nietzsche als poetischer Prosaist ein wahrer Meister, und den großen Erfolg der von ihm vorgetragenen Ansichten verdankt er wohl in erster Reihe der bestrickend reizvollen Form, in der er sie zum Ausdruck bringt. Treffend nennt ihn Riehl[2] mit Rücksicht auf den Zauber seiner Rede „einen Vogelsteller für unvorsichtige Seelen“. Er hätte hinzufügen können, daß außerordentlich viele Gimpel diesem Vogelsteller auf den Leim gegangen sind!

Kritische Begabung

Ein weiterer hervorstechender Zug Nietzsches ist seine kritische Veranlagung. Aber hierbei

[1] Diels a. a. O. ist der Ansicht, daß sich Nietzsche in der Wahl seines Berufes vergriffen habe.

[2] Alois Riehl: Friedrich Nietzsche, der Künstler und der Denker (III. Aufl.), S. 30.

müssen Einschränkungen gemacht werden. Seine Kritik, so aufrichtig sie gemeint sein mag, ist nirgends eine objektive. Sie übt sich nicht an dem tatsächlichen Befund, sondern sie entstellt und übertreibt ihn in willkürlicher Weise; sie verzerrt ihn bis ins Ungeheuerliche und Fratzenhafte. Der Märchendichter Andersen erzählt in seiner „Schneekönigin" von einem Zauberspiegel, welcher die Eigenschaft besaß, daß alles Gute, Schöne und Edle, das sich darin abspiegelte, fast zum Nichts zusammenschmolz; dagegen was nichts taugte und häßlich aussah, das trat hervor und wurde noch viel ärger. Als nun der böse Zauberer, der Schöpfer des Spiegels, mit ihm gen Himmel fuhr, um sich über den lieben Gott lustig zu machen, da zerbrach der Spiegel in tausende von kleinen Splittern, und wenn einer dieser Splitter zufällig einem Menschen ins Auge fuhr, da sah dieser überall nur das Häßliche; er hatte nur noch Augen für das Verkehrte und Abscheuliche an einer Sache. Man könnte wirklich meinen, ein solcher Splitter habe sich auch in Nietzsches geistiges Auge verloren, wenn man liest, wie Nietzsche unsere ganze heutige Kultur für *„moderne Barbarei"* erklärt, unsere Bildungsanstalten als *„Pflanzstätten der gelehrten Fettsucht"* verurteilt,[1] wenn er vom Staat sagt, er sei *„ein kaltes Untier, das kälteste aller kalten Ungeheuer, lüge in allen Zungen und was er habe, habe er gestohlen"*,[2] wenn er *„Christentum*

[1] Werke IX, 303ff. [2] Werke VI, 69ff.

und Alkohol als die beiden großen Mittel der Korruption" bezeichnet und die christliche Humanität *„für eine Kunst der Selbstschändung, einen Willen zur Lüge um jeden Preis, eine Verachtung aller guten und rechtschaffenen Instinkte"* erklärt.[1]

Selbstkritik

Im Zusammenhang mit der eben erwähnten Eigenschaft tritt uns ein auffälliger Mangel an Selbstkritik in Nietzsches Schriften entgegen. „Aber niemand hat ja schonungslosere Kritik an sich geübt als Nietzsche," wird man sofort entgegenhalten. Nur gemach! Richtig ist, daß der Nietzsche einer späteren Periode den Nietzsche einer früheren rücksichtslos zerfleischt. Aber in dem jeweiligen Zeitpunkt, in welchem Nietzsche schrieb, fehlte ihm jede objektive Kritik und jede Selbstbeherrschung. Den Ideen, welche ihn gerade erfüllen, gibt er sich mit verbundenen Augen hin; er übersieht alle ihre Schwächen und Unmöglichkeiten. Sie unterjochen ihn vollkommen und lassen keine Gegengründe gelten. Nach Jahren leuchtet ihm dann wohl die Erkenntnis. So schreibt er selbst über seine „Geburt der Tragödie" in dem „Versuch einer Selbstkritik", welche er im Jahre 1886 der Neuauflage voranstellte:[2] *„heute ist es mir ein unmögliches Buch, — ich heiße es schlecht geschrieben, schwerfällig, peinlich, bilderwütig und bilderwirrig, gefühlsam, hier und da verzuckert bis zum Femininischen, ungleich im Tempo, ohne Willen zur logischen*

[1] Werke VIII, 312ff., [2] Werke I, 4.

Sauberkeit, sehr überzeugt und deshalb des Beweises sich überhebend . . . . . ein hochmütiges und schwärmerisches Buch, das sich gegen das profanum vulgus der ‚Gebildeten‘ von vornherein noch mehr als gegen das ‚Volk‘ abschließt, welches aber, wie seine Wirkung bewies und beweist, sich gut genug auch darauf verstehen muß, sich seine Mitschwärmer zu suchen und sie auf neue Schleichwege und Tanzplätze zu locken.“ Diese spätere Selbstkritik ist Wort für Wort richtig; von dem „schlecht geschrieben, schwerfällig, peinlich“ vielleicht abgesehen, trifft sie tatsächlich nicht nur für die „Geburt der Tragödie“, sondern für sämtliche Schriften Nietzsches zu. Es erscheint wie eine unfreiwillige Komik, jedenfalls als eine feine Ironie des Schicksals, daß die vom Nietzsche-Archiv veranstaltete Gesamtausgabe der Werke Nietzsches mit dieser unübertrefflichen Kritik alles folgenden beginnt!

Aus den Werken, welche Nietzsches Philosophie zusammenfassend behandeln, seien hier die Schriften von Ziegler,[1] Riehl,[2] Drews,[3] Hollitscher[4] und Seillière[5] als wissenschaftlich Nietzsche-Literatur

[1] Theobald Ziegler: Friedrich Nietzsche (Berlin 1900).

[2] Siehe Anm. 2, S. 12.

[3] Artur Drews: Nietzsches Philosophie (Heidelberg 1904).

[4] Jakob J. Hollitscher: Friedrich Nietzsche (Wien und Leipzig 1904).

[5] Ernest Seillière: Appollo oder Dionysos? übersetzt von Th. Schmidt (Berlin 1906).

bedeutend hervorgehoben. Allerdings kann man sich bei den erstgenannten des Eindrucks nicht erwehren, daß auch sie der herrschenden Mode unbewußt einige Konzessionen machen. Obwohl sie fast in allen Punkten die Ergebnisse der Philosophie Nietzsches und seine Beweisführung (soweit überhaupt von einer solchen gesprochen werden kann) ablehnen und hiernach eigentlich zu einer vernichtenden Kritik gelangen müßten, entschlüpft ihnen doch selten ein kräftiges Wort, und wenn es gleichwohl ausnahmsweise geschieht, so ist es mit so vielen Liebenswürdigkeiten und Komplimenten umrahmt, daß ihre wahre Auffassung meines Erachtens dabei zu kurz kommt. Im Gegensatz zu den eben genannten stehen Henri Lichtenberger[1] und Raoul Richter[2] im Banne eines einseitigen Nietzsche-Kultus. Dasselbe gilt von dem Zarathustra-Kommentar Naumanns.[3] Auch wo diese Schriftsteller sich zu einer Kritik aufschwingen, bewegt sie sich ganz in der Gedankenwelt Nietzsches und ist meistens nur eine mehr oder weniger geistvolle Reproduktion seiner Ideen. Auf die zahlreichen Monographien, welche einzelne Probleme von Nietzsches Philosophie zum Gegenstande ihrer Betrachtung machen, kann hier nicht eingegangen werden. Hervor-

[1] Henri Lichtenberger: Die Philosophie Friedrich Nietzsches, eingeleitet und übersetzt von Frau Foerster-Nietzsche (Dresden und Leipzig 1899).

[2] Siehe Anm. 2, S. 10.

[3] Gustav Naumann: Zarathustra-Kommentar (Leipzig 1899).

gehoben sei jedoch die Schrift von Möbius,[1] welcher Nietzsche vom Standpunkte des Psychiaters aus beurteilt. Sie ist frisch und überzeugend geschrieben, enthält eine Menge klarer und treffender Urteile und wirkt gegenüber der vielfach überaus schwülstigen und phrasenreichen Nietzsche-Literatur wie eine wahre Herzerquickung.

Nietzsche und das ästhetische Deutschland

Von einer Nietzsche-Literatur kann man auch noch in einem anderen Sinne reden. Eine Menge Leute, die schlechterdings keinen Geist und keine eigenen Gedanken haben, aber doch das dringende Bedürfnis empfinden, für geistreich zu gelten, hält es für angebracht oder sogar für verdienstvoll, sich fortgesetzt Ideen aus dem reichen Schatzkästlein zu holen, das ihnen die Werke Nietzsches bieten. Diese Art ist vielfach unanständig genug, sich mit fremden Federn zu schmücken. Vielfach zitiert man aber auch geflissentlich den Autor. Gibt es doch den Anschein besonderer literarischer oder philosophischer Bildung, „Nietzsche-Kenner" zu sein! „Fingerfertiges Abschreiben brüstet sich und sucht die Lücken des Forschens und Wissens mit den Flittern einer künstlich stilisierten Mache zu verdecken."[2] Allerdings bieten die Schriften Nietzsches in ihrer aphoristischen Form, in ihrer Systemlosigkeit, mit den Widersprüchen und Gegensätzen, in denen sie sich bewegen, diesem geistigen Strandräubertum eine überaus reiche und bequeme Ausbeute. Besonders beliebt ist es, Nietzsche mit Goethe zusammen zu nennen,

[1] Siehe Anm. S. 11. [2] Diels a. a. O. S. 8.

aus beiden zu zitieren. Dabei wird Nietzsche womöglich noch über Goethe gestellt. Derartiges schwebt ja wohl auch Frau Foerster-Nietzsche und den Herausgebern des Nietzsche-Archivs vor. Wie energisch würde der gesunde Goethe den krankhaften Schwärmer Nietzsche von sich abgeschüttelt haben! Modesucht und Verständnislosigkeit bringen beide grundverschiedenen Geister miteinander in Beziehungen. Überhaupt wird die geistige Physiognomie Nietzsches und seiner Schriften von oberflächlichen oder kritiklosen Enthusiasten vollkommen entstellt und verzeichnet. Schriftsteller, Musiker, Künstler, die sich an der einen oder anderen Schrift Nietzsches oder auch nur an einzelnen, geschickt zusammengestellten Aphorismen für ihn begeistert haben, dichten ihm ihre eigenen individuellen Züge an. Ohne eine Ahnung von dem Zusammenhang seiner einzelnen Aussprüche zu haben, ohne je einen tieferen Einblick in die eigentlichen philosophischen Anschauungen Nietzsches gewonnen zu haben, glauben sie auf Grund einiger, mitunter völlig mißverstandener Sentenzen in Nietzsche den Träger und Verkünder ihrer eigenen Ideale zu finden. Durch die überschwenglichen Lobpreisungen der Nietzsche-Literaten werden sie in dieser Vorstellung bestärkt. Das Journalistische in Auffassung und Ausdruck, das der aristokratisch veranlagte Nietzsche zu allen Zeiten so leidenschaftlich bekämpfte, macht sich gerade im Nietzsche-Kultus in aufdringlicher Weise geltend. Für das Gesagte nur wenige, aber schlagende Beispiele. Der leider zu früh verstorbene Komponist Hugo Wolf hat die Lyrik Mörikes musikalisch bearbeitet; sein Mörike-Album gehört zu den feinsten und edelsten Blüten deutscher Liederkomposition. Wolf hat sich damit zugleich das Verdienst erworben, das Verständnis für den gemütstiefen Dichter in weiten Kreisen geweckt zu haben. Nun kommt ihm aus den Veröffentlichungen des literarischen Nachlasses Nietzsches Urteil über Mörike aus dem Jahre 1875 zu Gesicht. Nietzsche sagt hier:[1] *„Da lese ich, daß gar Mörike der größte deutsche Lyriker sein soll . . . Ich sah mir darauf diesen Mörike wieder an und fand ihn, mit Ausnahme von vier bis fünf Sachen, in der deutschen Volkslied-Manier, ganz schwach und undichterisch. Vor allem fehlt es ganz an Klarheit der Anschauung. Und was die Leute an ihm musikalisch nennen, ist auch nicht viel: und zeigt, wie wenig die Leute von der Musik wissen: die mehr ist, als so ein süßlich-weichliches Schwimm-schwimm und Kling-kling!"* Hugo Wolf tröstet sich über dieses Urteil ohne viel Kopfzerbrechen hinweg. Er schreibt an seinen Freund Grohe:[2] „Nietzsches Aussprüche über Mörike stammen wohl aus seiner unreifsten Zeit." Wie wenig kannte Wolf den reifen Nietzsche oder wie gänzlich mißverstand er ihn! Der Nietzsche des Zarathustra,

[1] Werke X, S. 490.

[2] Hugo Wolfs Briefe an die Familie Grohe. (Berlin 1905, S. 235.)

der Nietzsche des Antichrist würde sich mit dem wiedergegebenen, relativ maßvollen Urteil über Mörike nicht begnügt haben. Er würde den friedfertigen Dichter mit seiner schlichten, aber tiefen und warmen Religiosität als das dümmste und entartetste Herdentier bezeichnet haben, das je gelebt hat. Sah doch der reife Nietzsche in der Religion und speziell im Christentum die Ursache aller menschlichen Dekadence und Entartung und konnte sich nicht genug tun in der Beschimpfung derer, die durch ihre religiöse *„Instinktentartung"* die Höherentwicklung der Menschheit aufhielten. Einem ebenso schiefen Urteile begegnen wir in den Vorträgen von Horneffer.[1] Hier heißt es: „Nietzsche ist ein wissenschaftlicher Mensch mit Jahrhunderten wissenschaftlicher Arbeit hinter sich. Ein solcher denkt bescheiden von sich. Nietzsche denkt sehr, sehr bescheiden von sich." Nun ist zunächst die „Wissenschaftlichkeit" Nietzsches schwächste Seite. Es wird hierauf noch wiederholt zurückzukommen sein. Keine seiner vielen Schriften (von den wenig bekannten Jugendarbeiten im Rheinischen Museum abgesehen) verdient die Bezeichnung „wissenschaftlich", so viele Vorzüge (dichterische Phantasie, stilistische Meisterschaft) man auch in ihnen finden mag. Aber nun gar die Bescheidenheit! Auf diese Tugend hat Nietzsche selbst niemals Anspruch gemacht; er hat sie in keiner Periode seiner

[1] Ernst Horneffer: Vorträge über Nietzsche. (Berlin 1904, S. 24.)

literarischen Tätigkeit besessen. Schon in der ersten seiner „unzeitgemäßen Betrachtungen" (1873) begnügt sich der jugendliche Nietzsche nicht damit, seinen Gegner David Strauß und dessen Schrift „der alte und der neue Glaube" (Leipzig 1872) sachlich zu bekämpfen. Er nimmt vielmehr Veranlassung, dem 62jährigen Gelehrten in weitschweifigen Ausführungen rücksichtslos seinen deutschen Stil zu korrigieren. Man mag über Strauß urteilen wie man will, jedenfalls war er ein im Dienste der Wissenschaft ergrauter Gelehrter, dem gegenüber ein derartiges unsachliches und verletzendes Verfahren als ein auffälliger Mangel an Taktgefühl erscheint.[1] Dieser Mangel an Takt zeigt sich aber auch in den übrigen Schriften Nietzsches. Er offenbart sich namentlich in seinem anmaßenden, absprechenden Urteil über andere. Wie abfällig und roh äußert er sich über die größten Geister aller Zeiten! Von Sokrates, den er in den verschiedenen Perioden seiner literarischen Tätigkeit ganz verschieden beurteilt, sagt er schließlich: *„Sokrates war Pöbel"* . . . *„Auf Dekadence bei Sokrates deutet nicht nur die zugestandene Wüstheit und Anarchie in den Instinkten; ebendahin deutet auch die Superfötation des Logischen und jene Rachitiker-Bosheit, die ihn auszeichnet"* . . . *„Alles ist übertrieben, Buffo, Karikatur an ihm, alles ist zugleich versteckt, hintergedanklich, unter-*

[1] Auch Ziegler, der sonst Nietzsche mit großem Wohlwollen beurteilt, spricht von „schulmeisterlicher Fehlerjagd" und „philologischer Kleinmeisterei" (S. 45).

irdisch."[1] Kant ist für Nietzsche *„der verwachsenste Begriffskrüppel, welchen es je gegeben hat.*" *„Kant wurde Idiot . . . der fehlgreifende Instinkt in allem und jedem, die Widernatur als Instinkt, die deutsche Dekadence als Philosophie — das ist Kant.*"[2] Einen Schiller verhöhnt er als *„Moral-Trompeter von Säkkingen*"[3] und ereifert sich, daß die Deutschen, die er bei jeder Gelegenheit heruntersetzt, *„Schiller und Goethe*" in einem Atem nennen, und daß sie dabei sogar Schiller voranstellen! Noch entsetzlicher ist ihm allerdings die Zusammenstellung *„Schopenhauer und Hartmann.*" Von Darwin sagt er, der habe *„den Geist vergessen, echt englisch!*"[4] Einige spätere Urteile über Richard Wagner werden unten (S. 33, Anm. 1) wiedergegeben. Von sich selbst dagegen urteilt er: *„Ich habe der Menschheit das tiefste Buch gegeben, das sie besitzt, meinen Zarathustra,*" *„der Aphorismus, die Sentenz, in denen ich als der Erste unter Deutschen Meister bin, sind die Formen der ‚Ewigkeit'; mein Ehrgeiz ist in zehn Sätzen zu sagen, was jeder andere in einem Buche sagt — was jeder andere in einem Buche nicht sagt.*"[5]

[1] Werke VIII, 69, 70. [2] Werke VIII, 116, 227.

[3] Werke VIII, 117, 129.

[4] Werke VIII, 117, 127. Unter der Rubrik *„Meine Unmöglichen*" ist hier eine ganze Serie kurzer abfälliger Urteile zusammengestellt; so heißt Dante *„die Hyäne, die in Gräbern dichtet*", Carlyle *„der Pessimismus als zurückgetretenes Mittagessen*", Liszt *„die Schule der Geläufigkeit — nach Weibern*" u. s. w. [5] Werke VIII, 165.

Hat jemals ein wahrhaft großer Mann derart über sich und über andere geurteilt? Man muß schon unter recht mittelmäßigen Geistern Umschau halten, um einem gleich maßlosen Eigendünkel zu begegnen.[1] Aber trotz alledem und alledem – Nietzsche war „bescheiden;“ er war sogar „sehr, sehr bescheiden.“ Herr Horneffer sagt es, und ein gläubiges Vortragspublikum, das gekommen ist, sich am Thema des Abends zu erbauen, nimmt den „bescheidenen Nietzsche“ als neues Ideal mit nach Hause.

Sehr viel bedenklicher ist allerdings die Auffassung, welcher Horneffer in seinem Werke „Das klassische Ideal“[2] (S. 224 fg.) Ausdruck gibt. Er schreibt: „Nietzsche ist ein Mann des Sturmes und Dranges. Er kennt keine Grenzen. Er hat sich nicht im Zaume. Seine Leidenschaft reißt ihn immer um einen Schritt über das Ziel hinaus. Aber all diese gärende Unruhe, diese Wildheit, dieser Übermut, was sind sie anderes als der Rausch der Jugend? Nur die waghalsige, verwegene, ehrfurchtslose, sehnsüchtige Jugend kann Werke vollführen, wie sie Nietzsche vollführt. Ohne diesen schäumenden Übermut kein neues Land, nicht der Aufgang eines neuen Morgens.“ .... „Kann es etwas Schöneres, Berauschenderes geben als Torheiten der Jugend? Wessen Herz lacht nicht vor Wonne, wenn die Jugend im Überschwang vorüberbraust?“ Man vergleiche

[1] Vgl. auch Möbius S. 121, 133.

[2] Leipzig, 1906 bei Julius Zeitler erschienen.

hierzu das Lebens- und Krankheitsbild Nietzsches! Ein größerer psychologischer Irrtum, ein gröberer Mißgriff in der Beurteilung offenkundiger Tatsachen, als er hier Horneffer zur Last fällt, ist gar nicht denkbar! Gewiß freut sich jede gesunde, lebensfrohe Natur an dem Überschäumen der Jugend; gewiß verspricht man sich gerade von dem wild gärenden Most einen kräftigen abgeklärten Wein. Aber wie ist die Entwickelung Nietzsches verlaufen? Seine Erstlingswerke mögen wohl seinem jugendlichen Enthusiasmus zugute gehalten werden. Aber dann —! Dann sehen wir den infolge seiner vielfachen körperlichen Leiden invaliden Mann, der zu jeder regelmäßigen Berufstätigkeit unfähig geworden war, immer seltsamere, einsamere Wege – Irrwege – gehen, und wenn jemals der Satz von der s a n a m e n s i n s a n o c o r p o r e seine Berechtigung erwiesen hat, so hier. Von Jahr zu Jahr entwickeln und steigern sich bei Nietzsche krankhafte H a ß g e f ü h l e. Mit sinnloser Berserkerwut bekämpft er schließlich den modernen Staat,[1] entstellt und beschimpft er die gesamte christliche Kultur, verhöhnt er unsere größten Männer, verherrlicht er das gemeine Laster und das Verbrechertum.[2] Und das soll Jugend, das soll „jugendlicher Überschwang“ sein?

Über die tollen Streiche unserer Jungen lachen wir, entschuldigen sie und bleiben dabei guter Dinge. Über den Wahn eines Gehirnkranken lacht niemand. —

[1] Vgl. unten S. 50 ff. [2] Vgl. unten S. 124 bis 128.

Zweiter Abschnitt

Nietzsches Philosophie und der Staat

Der Staat in der Auffassung der Philosophen

Altertum und Mittelalter

Das Problem des Staates, die Frage nach seinem Wesen, seinem Ursprung, seinen Zielen und Aufgaben hat zu allen Zeiten die Geister der großen Philosophen beschäftigt. Aus der Blütezeit der griechischen Philosophie sind die bedeutsamen rechts- und staatsphilosophischen Ideen eines Plato und Aristoteles hervorzuheben. In seiner Staatslehre gelangt Plato dazu, den Staat als die Verwirklichung der Idee des Guten aufzufassen. Wie sich seine Lehre im scharfen Gegensatz und Widerspruch zu dem demokratischen Regime des damaligen Athen entwickelt hat, so ist sein Staatsgebilde ein streng aristokratisches, auf religiöser Sittlichkeit aufgebautes, gegen jede Neuerung abgeschlossenes Ideal, bestimmt und nach seiner Meinung vereigenschaftet, durch die in ihm vereinigten vornehmen Geister alle Tugenden, besonders die der Sophrosyne und der Gerechtigkeit zu pflegen.

Aristoteles faßt den Staat als ein Produkt der Natur auf, wie es der mit Geselligkeitstrieb begabte Mensch selbst ist. Der Staat allein ermöglicht dem Menschen seine volle kulturelle Ausbildung. Die Hauptaufgabe des Staates ist die Pflege der Gerechtigkeit, welche vor allem eine ausgleichende, nach Verdienst und Würdigkeit austeilende sein muß. Im Gegensatz zu dieser wesentlich auf ethischer Grundlage beruhenden Auffassung des Staates steht die Lehre der Epikuräer, welche Staat und Recht aus dem Prinzip der Nützlichkeit (Utilität) ableiten und beide aus einem im eigenen Interesse der Beteiligten abgeschlossenen Vertrag erklären. Die römische Philosophie hat selbständige Ideen über den Staat nicht gefördert. Cicero verwertet die Resultate der griechischen Denker. Die mittelalterliche Auffassung des Staates (Augustinus, Thomas von Aquino) ist durch die Idee der Allmacht der Kirche beherrscht. Der Staat erscheint nach ihr als eine zwar von Gott gewollte, aber nur vorübergehende Einrichtung, der ewigen Kirche untergeordnet. Mit Renaissance und Reformation erwachte auch für die Rechtsphilosophie neues Leben. Im Gegensatze zu der theokratischen Auffassung des Mittelalters hat als erster Hugo Grotius Staat und Recht aus einem auf Vernunft beruhenden, von vornherein vorhandenen Rechte, dem sogenannten Naturrecht, abgeleitet. Der Naturstand des Menschen, sein Bedürfnis zum Zusammenleben führe ihn zum Gesellschaftsver-

Die Naturrechtslehre

trag, zum Staat. Abweichend hiervon geht Hobbes von der Auffassung aus, daß der Staat nicht aus dem Geselligkeitstrieb des Menschen, sondern aus der wechselseitigen Furcht hervorgehe, da der staatenlose Naturstand nur ein unausgesetzter Konflikt der egoistischen Triebe, der Krieg aller gegen alle sein würde. Recht und Staat beruhen sonach auf dem Vernunftgebote der Selbsterhaltung. Zu diesem Zwecke übertragen die Einzelnen ihre Rechte dem Staate und behalten nur soviel für sich, als zu einem guten und ruhigen Leben ausreicht. Auch Spinoza erblickt in der Selbstsucht des Menschen die eigentliche Triebfeder der Staatenbildung; er vertieft aber die Ansichten von Hobbes durch seine pantheistische Weltanschauung. Recht ist Macht, und alle von der Natur verliehene Macht ist Gottes eigene Macht, da Gott und Natur identisch sind. Die Rücksicht auf die Utilität führt zur Konvention. Staat und Recht sind ihre Ergebnisse. Der Zweck des Staates ist die Freiheit, mit welcher jeder einzelne Bürger in Friede und Sicherheit leben kann. Nur der Staat, welcher dieselbe gewährleistet und für das Gemeinwohl sorgt, ist existenzberechtigt. Pufendorfs Auffassung steht vermittelnd zwischen Grotius und Hobbes. Beschränkter als Hobbes will Locke die Staatsgewalt aufgefaßt wissen. Nicht mehr Rechte habe der Einzelne dem Staat übertragen, als zur Erfüllung des eigentlichen Staatszweckes, Freiheit und Eigentum zu schützen und das gemeine Wohl zu fördern, notwendig ist. Leibniz und Wolff predigen die auf dem Streben nach ethischer Vervollkommnung, auf Weisheit und Gerechtigkeit beruhende Glückseligkeitslehre. Ihre Auffassung der Aufgabe des Staates ist eine Rechtfertigung und Verherrlichung des sogenannten eudämonistischen Polizeistaates, des erleuchteten Absolutismus des achtzehnten Jahrhunderts. Ihren erfolgreichsten und populärsten Apostel hat die sogenannte Naturrechtslehre in J. J. Rousseau gefunden, welcher die Rückkehr zur Natur, die ursprüngliche Gleichheit aller Menschen predigte und aus der Vertragstheorie, die für die folgende Revolutionszeit bedeutsame Konsequenz zog, daß das souveräne Volk, welches die Gewalt der Regierung übertrug, dieses Mandat auch jederzeit widerrufen könne.

Neuere Philosophie

Kant, der Vater der neueren Philosophie, hat auch für Staats- und Rechtsphilosophie bahnbrechend gewirkt. Zwar steht auch er noch auf dem Boden der vom Naturrecht gelehrten Vertragstheorie. Aber der den Staat begründende Vertragsschluß ist ihm ein Vernunftgebot, das sich aus der Freiheit des Willens, aus dem kategorischen Imperativ der Pflicht ergibt. Der Staat ist hiernach die vernunftnotwendige Vereinigung einer Menge Menschen unter Rechtsgesetzen; das Recht aber ist der Ausdruck der Vernunft im Willen. Es ist Selbstzweck. Der durch den Staat gewährleistete Rechtszustand fließt aus den apriorischen Prinzipien der Freiheit des Einzelnen als Glied der Menschengemeinschaft, der Gleichheit vor dem Gesetz als Untertan des Staates, der Selbständigkeit als Staatsbürger mit dem Recht der Anteilnahme an der Gesetzgebung. Damit ist Kant der Verkünder des modernen Rechtsstaates geworden. Fichte bleibt in seinen rechts- und staatsphilosophischen Ansichten im wesentlichen in den Bahnen Kants. Seine höchste Verherrlichung erfährt der moderne Staatsgedanke in der Philosophie Schellings und Hegels. Schelling und die sogenannte historische Schule haben die Idee eines a priori vorhandenen Naturrechts oder Vernunftrechts aufgegeben. Nach ihnen ist das Recht historisch geworden. Es ist das Resultat der im Volksgeist wirkenden Kräfte. Der Staat ist nach Schelling ein kunstvoller Organismus, welcher die Harmonie zwischen Notwendigkeit und Freiheit herstellt und ein Bild der absoluten Autonomie des Lebens ist. Hegel erblickt im Staate die Verwirklichung der höchsten sittlichen Idee und der höchsten sittlichen Freiheit. Der Staat ist ihm der göttliche Wille als gegenwärtiger, zur realen Organisation entfalteter Geist, nicht bloß Rechtsstaat, sondern Kulturstaat, befähigt und bestimmt, alle Aufgaben, die sich für ein Volk in jedem Stadium seiner Entwickelung ergeben, kraftvoll zu erfüllen. Die Erklärung von Recht und Staat auf Grund psychologischer Forschung unternimmt die Philosophie Wundts. Das Recht ist ihm ebenso wie Sprache, Mythus, Sitte das Ergebnis des psychologischen

Innenlebens; es ist daher ebenso wie jene nicht feststehend, sondern in unaufhörlicher Entwickelung begriffen, entsprechend dem Aufwärtsstreben der Kultur. Der Staat repräsentiert den Gesamtwillen, er ist Besitz- und Wirtschaftsgemeinschaft, Rechtsgemeinschaft, Gesellschaftseinheit, Bildungsgemeinschaft. Wesentlich auf dem Standpunkte Hegels steht Kohler, welcher die Ergebnisse der rechtsvergleichenden Forschungen für die philosophische Auffassung zu verwerten sucht. Der Prozeß der Rechtsbildung ist nach seiner Ansicht nur im Zusammenhang mit der ganzen ethnologischen Entwickelung der Völker zu verstehen. Der Staat ist eine Notwendigkeit, weil nur in ihm und auf bestimmtem territorialen Gebiete die Hauptkulturbestrebungen durchzuführen sind.

Einfluß der Nationalökonomie und der Naturwissenschaften

Zwei mächtige wissenschaftliche Strömungen haben im Laufe des neunzehnten Jahrhunderts auch auf Rechts- und Staatsphilosophie großen Einfluß geübt, ihr neue Gesichtspunkte geboten und neue Aufgaben gestellt. Die eine, welche sich speziell mit der Erforschung der wirtschaftlichen und sozialen Probleme beschäftigt, hat sich zur äußerlich selbständigen Wissenschaft, der Nationalökonomie, entwickelt. Die andere tritt uns in den außerordentlichen Fortschritten der naturwissenschaftlichen Forschungen entgegen. Die letzteren haben bei dem notwendigen inneren Zusammenhang aller menschlichen Erkenntnis nicht nur mittelbar durch ihren tiefgehenden Einfluß auf die ganze moderne Auffassung und Anschauungsweise eingewirkt; es ist auch der Versuch unternommen worden, Rechts- und Staatsphilosophie unmittelbar auf naturwissenschaftliche Theorien aufzubauen. In ersterer Hinsicht ist auf Stammler zu verweisen, welcher das wirtschaftliche Leben, die sozialen Erscheinungen und das aufzustellende Ideal des richtigen Rechts in geistvoller Weise aus den „Bewegungen der Materie des sozialen Lebens" zu erklären versucht, in letzterer auf Haeckel, welcher die direkte Anwendung der biologischen Grundgesetze auf Staat und Gesellschaft für notwendig hält, und hiernach eine monistische Ethik und eine monistische Jurisprudenz fordert. Im Gegensatz zu diesem von wenig Sachverständnis zeugenden Vorschlage betont gerade die eigentliche Staatsrechtslehre der Gegenwart (Laband und seine Schule), von der Rechtspersönlichkeit des Staates im technischen Sinne ausgehend, die Notwendigkeit, die streng juristische Methode auf die Beurteilung der in Betracht kommenden öffentlich-rechtlichen Verhältnisse anzuwenden.

Nietzsches staatsphilosophische Auffassung

Treten wir aus dieser Gedankenwelt, welche hier nur in ihren allergröbsten Umrissen angedeutet werden sollte, an die Werke Nietzsches heran, so haben wir zunächst das Gefühl einer auffallenden Leere, eines völligen Mangels jeder tieferen philosophischen Auffassung. Nirgends ist das Problem des Staates spekulativ erfaßt, nirgends zum Gegenstand einer prinzipiellen Erörterung gemacht, nirgends ist auch nur der Versuch unternommen, die Lehre eines alle Schranken der Zucht und Ordnung durchbrechenden Individualismus, wie ihn Nietzsche predigt, mit der vorhandenen oder mit irgend einer anderen Staats- oder Gesellschaftsordnung in Einklang zu setzen. Wohl aber begegnen uns in den zahlreichen Betrachtungen, in welchen sich Nietzsche mit dem Staat beschäftigt, zwei für seine Denkungsart höchst charakteristische Züge: 1. eine geradezu naive Verständnislosigkeit für das wirkliche Leben und die bestehenden sozialen Verhältnisse; 2. eine auffällige, von Jahr zu Jahr sich steigernde Abneigung, ja leidenschaftliche Gehässigkeit gegen den modernen Staat als solchen.

Vorschlag, den Staat auf die Musik zu gründen

Während der ersten Jahre seiner Basler Lehrtätigkeit, als Nietzsche noch ganz im Banne der Wagnerschen Muse stand und seiner glühenden Verehrung für den damals in Triebschen wohnenden Meister in seinen Erstlingswerken enthusiastischen Ausdruck verlieh, glaubte er, daß die von ihm für notwendig erachtete höhere Kultur der Menschheit durch die Musik, speziell durch die Kunst Wagners herbeigeführt werden könnte. Sein erstes größeres Werk, die Geburt der Tragödie, ist dem Meister gewidmet. Es ist, obwohl es sich als das Ergebnis philologisch-historischer Forschung ausgibt, in Wirklichkeit eine geistvoll und poetisch konzipierte Tendenzschrift, eine Betrachtung der griechischen Kultur durch die Brille der damals modernsten Philosophie des neunzehnten Jahrhunderts (Schopenhauers) und im Dienste der damals noch um ihre Anerkennung ringenden Kunstideale Wagners. Vom wissenschaftlichen Standpunkte aus betrachtet, erscheint sie als durchaus unwahr; denn niemals hat die Musik bei den Griechen die Rolle gespielt, welche Nietzsche ihr beilegt, niemals hat die antike Tragödie dem Musikdrama Wagners als Vorbild gedient, und niemals hat sich der Kampf zwischen dem Dyonisischen und dem Apollinischen in der Kunst so abgespielt, wie es der Dichter und Ästhetiker Nietzsche sich vorstellt und zurecht legt. In jener Zeit nun ging Nietzsche von der Anschauung aus, daß es notwendig sei, *„den Staat auf die Musik zu gründen."*[1] Daß es sich dabei keineswegs um eine unbedachte Phrase handelte, daß es Nietzsche mit dieser Forderung durchaus Ernst war, ergibt sich aus den überschwenglichen Hoffnungen, die er an die im Jahre 1876 eröffneten Bayreuther Festspiele knüpfte. Er erwartete von ihnen nichts Geringeres als die Einleitung einer neuen Kulturepoche. Obwohl ihm, wie seine 1874 niedergeschriebenen Gedanken über Richard Wagner ergeben,[2] schon damals Zweifel über diesen aufgestiegen waren, erhoffte er von seiner Kunst eine Erhöhung der Menschheit, er erwartete in Bayreuth *„vorbereitete und gewählte Zuschauer*

[1] Werke I, 529.
[2] Werke X, 427ff.

zu treffen und die Ergriffenheit von Menschen, welche sich auf dem Höhepunkt ihres Glückes befinden und gerade in ihm ihr ganzes Wesen zusammengerafft fühlen, um sich zu weiterem und höherem Wollen bestärken zu lassen.“[1] Wie es in diesem auf die Musik gegründeten Staate zugehen sollte, darüber hat sich Nietzsche allerdings nicht näher ausgelassen. Seillière[2] bezeichnet ihn als das Ideal einer mystischen Anarchie. Vielleicht hätte es der damaligen Auffassung Nietzsches entsprochen, wenn Richard Wagner zum „unverantwortlichen“ Reichsminister mit „unbeschränkten Vollmachten und unbegrenzten Mitteln“ zur Verwirklichung seiner Kunstideale ernannt worden wäre. Was wäre aber in einem solchen Staat aus denjenigen geworden, welche, obwohl sie vielleicht in anderer Beziehung als Genies einzuschätzen waren, jeder musikalischen Begabung ermangelten, oder was hätte man mit denen angefangen, welche zwar etwas von Musik zu verstehen glaubten, aber gerade deshalb die Wagnersche Muse damals heftig bekämpften, z. B. einem Hiller, einem Lachner, einem Hanslick und anderen! Und was wäre zehn Jahre später aus dem damaligen Nietzsche geworden, der, wie er in den siebziger Jahren in Verherrlichung und Verhimmelung Wagners sich nicht genug tun konnte, in den achtziger Jahren kein Maß und keine Grenzen

[1] Werke I, 158.
[2] S. 76.

fand, den Genius seiner Jugend zu bekämpfen,[1] ins Lächerliche zu ziehen und zu beschimpfen! Für die Zwecke dieser Schrift kommt es nicht darauf an, die naheliegende und wohlfeile Satire über Nietzsches unreifen Enthusiasmus und seine spätere, ebenso extreme Enttäuschung zu schreiben. Es war nur darauf hinzuweisen, wie diesem Manne jedes Augenmaß für die Wirklichkeit fehlte, und wie bedenklich und gefahrvoll es ist, einem Denker zu folgen, der, wenn er von einer Idee erfaßt ist, jedes ruhige Urteil und jede Selbstkritik verliert und der Spielball seines zügellosen ästhetischen Empfindens wird.

Verhältnis des Staates zu den Bildungsanstalten

Ernsthafter als die utopische Idee, den Staat auf die Musik zu gründen, sind die Gedanken über den Staat zu nehmen, die Nietzsche in seinen Vorträgen „Über die Zukunft unserer Bildungsanstalten“ zum Ausdruck bringt. Diese im Winter 1872 in Basel gehaltenen Vorträge

[1] So schreibt er im „Fall Wagner“ und in »Nietzsche kontra Wagner“: *„Ist Wagner überhaupt ein Mensch? Ist er nicht eine Krankheit?“ „Wagner est une névrose.“ „Wagner ist ein großer Verderb für die Musik“ . . . „War Wagner überhaupt ein Musiker? . . . er gehört nicht in die Geschichte der Musik. Was bedeutet er trotzdem in dieser Geschichte? Die Heraufkunft des Schauspielers in der Musik.“ „Man singt Wagner nur mit ruinierter Stimme: das wirkt dramatisch; selbst Begabung ist ausgeschlossen. Weder Geschmack, noch Stimme, noch Begabung: die Bühne Wagners hat nur Eines nötig — Germanen! Definition des Germanen: Gehorsam und lange Beine“* u. s. w., vgl. Werke VIII, 1 ff., 183 ff.

sind für den späteren Nietzsche so charakteristisch und vorbildlich, daß sie eine besondere Hervorhebung verdienen. Ganz wie im Zarathustra ist die Erörterung des gestellten Problems in die Form einer Dichtung gekleidet, ganz wie dort ist ein landschaftliches Kolorit gezeichnet, auf welchem sich die äußere Handlung abspielt, ganz wie dort erscheint ein ehrwürdiger Greis, und aus seinem Munde strömt alle Weisheit – wenigstens nach der Überzeugung Nietzsches. Bei näherer Prüfung erweist dieser Greis sich allerdings als derselbe geistreiche, aber oberflächliche alte Schwätzer, als welcher sich der spätere Zarathustra bei tieferem Eindringen entpuppt. Zwei Jugendfreunde, Studenten in Bonn, finden sich zur Pflege gemeinsamer Erinnerungen an einem einsamen Platze bei Rolandseck am Rhein zusammen. Aber an eben demselben Platze erwartet ein ehrwürdiger Greis mit seinem jugendlichen Begleiter einen alten Freund, mit welchem er ein langersehntes Wiedersehen feiern will. Aus dem zufälligen Zusammentreffen entwickelt sich ein anregender Gedankenaustausch, und das gestellte Thema wird in Rede und Gegenrede zwischen den genannten Personen behandelt, für welche man sich unwillkürlich interessiert. Freilich ist unser ehrwürdiger Alter kein wahrer Menschenfreund, insbesondere kein wahrer Freund der Jugend, der es verstände, mit ihr jung und fröhlich zu sein. Als im Verlaufe der Nacht die Verbindungsbrüder der Studenten mit Fackeln über den Rhein kommen und auf den Ruheplatz zueilen, da bricht der Greis in neurasthenische Klagen aus über die unliebsame Störung. Es ist die Klage über *„die Vielen und Allzuvielen“*, die auch in den späteren Werken Nietzsches immer wiederkehrt.

Über Gymnasialbildung und akademische Freiheit

Der ehrwürdige Alte ergeht sich zunächst in einer leidenschaftlichen Kritik des deutschen Unterrichts an den Gymnasien. Die eigenartige Begabung Nietzsches, jede Unvollkommenheit maßlos zu übertreiben, jeden Mangel ins Unendliche zu vergrößern (vgl. o. S. 13), zeigt sich schon in voller Blüte. Es wird dem deutschen Unterricht einerseits zum Vorwurf gemacht, daß er die Muttersprache wie eine tote Sprache behandle, anderseits wird getadelt, daß der deutsche Aufsatz den Schüler zu früh an literarische Selbständigkeit gewöhne und die moderne Journalistik erzeuge, welche nichts als *„vorlaute Barbarei“* sei. Besserung kann nur aus einer Reinigung des deutschen Geistes hervorgehen; die Gymnasien müssen Werkstätten dieses Geistes werden im Kampfe *„gegen die Barbarei der Gegenwart“*. Dies können sie nur durch Vertiefung des Bildungsideals, durch Pflege des eigentlich Selbständigen und Individuellen werden. Daß das eigentlich Selbständige und Individuelle bei den einzelnen Menschen sich zu ganz verschiedenen Zeiten entwickelt, daß es vielfach, im Knabenalter kaum erkennbar, erst im Kampfe des Lebens geweckt wird, daß der Gebrauch der Muttersprache im schriftlichen Ausdruck das unentbehrliche Hilfsmittel zu ihrer

Beherrschung bietet, daß die Gymnasien trotz mancher ihnen anhaftenden Mängel die Entwickelung großer Geister, ja wahrer Genies keineswegs gehindert haben – dies alles wird in den Vorträgen völlig ignoriert. Dagegen – und dies führt zum Thema dieser Schrift zurück – nimmt der ehrwürdige Alte Veranlassung zu einem heftigen Ausfall gegen den Staat, speziell gegen das Staatsideal Hegels, als dessen Verkörperung ihm der preußische Staat gilt. Der Gedanke, den Staat als den Leitstern der Bildung aufzufassen, erscheint Nietzsche geradezu unerträglich.[1] Der Staat ist *„der Mystagoge der Kultur"*. Er ist verantwortlich für die gemeinschädliche Überzahl der Bildungsanstalten, indem er aus egoistischen Gründen seine Diener zwingt, *„mit der Fackel der allgemeinen Bildung"* vor ihm zu erscheinen, indem er durch Verleihung gewisser, auf den Militärdienst bezüglicher Privilegien eine Menge Unberufener nötigt, sich zur Gymnasialbildung heranzudrängen. Nicht „Volksbildung", nicht „Bildung der Masse" darf das Ziel sein, sondern Bildung der einzelnen Auserlesenen. In ihrem gegenwärtigen Zustande sind die Gymnasien *„Pflanzstätten für die gelehrte Fettsucht"*, *„Ringstätten jener modernen Barbarei, die sich als deutsche Kultur der Jetztzeit zu brüsten pflegt"*. Alles, was sich bisher Bildungsanstalt nennt, ist also nach Nietzsche im Grunde genommen das gerade Gegenteil. Dies gilt auch von unseren Universitäten.

[1] Werke IX, 371.

„Was ist denn die akademische Freiheit? Nichts anderes, als daß ungefähr jeder reden kann, was er will, der andere ungefähr hören kann, was er will.“[1] *„nur daß hinter beiden Gruppen in bescheidener Entfernung der Staat mit einer gewissen gespannten Aufsehermiene steht, um von Zeit zu Zeit daran zu erinnern, daß er Zweck, Ziel und Inbegriff der sonderbaren Sprech- und Hörprozedur sei.“ „Frei! Prüft diese Freiheit, ihr Menschenkenner! Aufgebaut auf dem tönernen Grunde jetziger Gymnasialkultur, auf zerbröckeltem Fundamente, steht ihr Gebäude schief gerichtet und unsicher bei dem Anhauch der Wirbelwinde!“*

Sozialaristokratische Auffassung

An diesen Vorträgen ist, von der rein negativen Kritik des Bestehenden abgesehen, die sozialaristokratische Auffassung Nietzsches das interessanteste. Er ist ihr zeitlebens treu geblieben: keine Bildung für die Massen, sondern Sklaverei![2] — wahre Bildung, wahre Kultur nur für die Auserlesenen, die *Herrenmenschen!*[3]

Wer sind nun aber, muß man schon hier fragen, diese Auserlesenen? Ein Geburtsadel schwebte Nietzsche nicht vor, sondern ein Geistesadel. Aber wer darf, wer kann die Auslese treffen? An welchen sicheren Merkmalen wird das Genie

[1] Werke IX, 405 Ein oberflächlicheres Urteil über die so heiß umstrittene „Freiheit der Wissenschaft“ ist kaum zu denken! [2] Werke IX, 147.

[3] Werke VII, 239. Im Gegensatz hierzu verlangt Horneffer klassische Bildung für das ganze Volk! (Vgl. Das klassische Ideal S. 266).

erkannt? Der Automat ist noch nicht erfunden und wird nie erfunden werden, der die geistigen Potenzen eines Menschen nach Einwurf eines Zehnpfennigstückes ebenso sicher angibt, wie die Kilos seines Körpergewichts! Manches Genie wird erst nach den Kämpfen eines langen Lebens, manches erst nach seinem Tode entdeckt. Wer vermöchte es vollends an Schülern, an in der Entwicklung begriffenen unfertigen Menschen zu erkennen? Diese Frage, auf welche noch in anderem Zusammenhang einzugehen ist, hat Nietzsche sich niemals gestellt; er hat sie gar nicht in den Kreis seiner Betrachtungen gezogen, geschweige denn beantwortet.

Negatives Ergebnis der Vorträge

Der letzte Vortrag, welcher sich nach der vorausgegangenen abfälligen Kritik mit den positiven Vorschlägen zur Reform unserer Bildungsanstalten beschäftigen sollte, wurde nicht gehalten! In welcher Richtung sich die Gedanken Nietzsches bewegten, das ergibt sein damaliger Plan, auf einem kleinen Schloß in Graubünden, das ihm zum Kauf angeboten war, eine Anstalt für Lehrer und Erzieher zu gründen, welche es sich zur Aufgabe machen sollten, den *„tragischen Menschen“* der *„zukünftigen Kultur“* heranzuziehen. Der phantastische Plan, mit welchem Nietzsche ein ebenso großes Fiasko erlebt haben würde wie mit seinen Erwartungen von den Bayreuther Festspielen, scheiterte schon im Anfangsstadium an praktischen Schwierigkeiten. In seiner späteren Periode hat Nietzsche den Gedanken,

Genies zu erziehen, aufgegeben und ihn ersetzt durch die Idee der Züchtung der Genies. Der Übermensch soll nicht erzogen, er soll erzeugt werden (hierüber vgl. unten Abschnitt IV). Die Vorträge über die Zukunft unserer Bildungsanstalten haben irgend welche praktischen Wirkungen nicht erzielt. Weder ist der deutsche Aufsatz aus unseren Lehranstalten verschwunden, noch hat die Tendenz der Zeit nach Verallgemeinerung der Bildung eine Einschränkung erfahren. Die Erfolge von Nietzsches Lehren sind hier ebenso rein negativ geblieben wie die seiner ganzen Philosophie.

Ansichten Nietzsches über Staat und Gesellschaft in seiner zweiten Periode

Die Schriften Nietzsches aus dem Jahre 1875, in welchen er die Aufzeichnungen zu „Menschliches, Allzumenschliches" begann, bis zum Anfang der achtziger Jahre: zwei Bände des eben genannten Werkes, dann die „Morgenröte" und die „Fröhliche Wissenschaft", sind in aphoristischer Form geschrieben. Sie sind reifer und klarer als die in der Sturm- und Drangperiode seines Wagnerenthusiasmus verfaßten Schriften; sie sind auch frei von den auffälligen psychopathischen Zügen der späteren Werke, in denen Nietzsche mehr seinen mystischen Eingebungen als seinem logischen Denken vertraute. Die Form des Aphorismus ist einer wissenschaftlichen Behandlung ungünstig. Sie erklärt und entschuldigt sich durch den leidenden Zustand Nietzsches, der ihm ein intensives, zusammenhängendes Arbeiten unmöglich machte. Nietzsche schrieb seine Gedanken auf, wie sie ihm kamen. Er stand oft mitten in der Nacht auf, um sie zu Papier zu bringen. Viele dieser Aphorismen sind geistvoll und originell. Sehr viele enthalten aber auch recht unbedeutende Reflektionen, die zwar Nietzsche für wichtig genug hielt, sie der Nachwelt aufzubewahren, die aber vor einer ernsten Kritik nicht bestehen können. Nietzsche war damals nicht mehr imstande, seinen Berufspflichten nachzukommen. Seine Aufzeichnungen erscheinen wie Selbstgespräche, welche der Einsame mit sich führte, und da er sie ziemlich kritiklos aufbewahrte und zusammenstellte, so erklärt sich auch ihre außerordentliche Fülle. Wenn jemand die freie Zeit und das Bedürfnis hat, jahrelang alle seine Ideen und Einfälle aufzuzeichnen, so mag er unschwer ein gleich großes Kompendium zusammenbringen. Bewundernswert bleibt überall die Form des Ausdrucks. Obwohl Nietzsche ein Vielschreiber wurde, so verleugnet er doch nirgends die Formempfindung des geborenen Schriftstellers. In diesen Aphorismen beschäftigt sich Nietzsche recht häufig mit dem Staat. In „Menschliches, Allzumenschliches“ ist ein besonderes Hauptstück ihm gewidmet und *„Ein Blick auf den Staat“* überschrieben.[1] Sehr tief sind die hier zusammengestellten Betrachtungen nicht; aber sie bieten immerhin manche interessanten Gesichtspunkte. So wenn er schreibt:[2] *„Zwischen Regierung und Volk so zu scheiden, als ob hier zwei getrennte Machtsphären, eine*

[1] Werke II, 323ff. [2] Werke II, 333.

stärkere, höhere mit einer schwächeren, niederen verhandelten und sich vereinbarten, ist ein Stück vererbter politischer Empfindung, welches der historischen Feststellung der Machtverhältnisse in den meisten Staaten noch jetzt genau entspricht. Wenn zum Beispiel Bismarck die konstitutionelle Form als einen Kompromiß zwischen Regierung und Volk bezeichnet, so redet er gemäß einem Prinzip, welches seine Vernunft in der Geschichte hat (ebendaher freilich auch den Beisatz von Unvernunft, ohne den nichts Menschliches existieren kann). Dagegen soll man nun lernen — gemäß einem Prinzip, welches rein aus dem Kopf entsprungen ist und erst Geschichte machen soll —, daß Regierung nichts als ein Organ des Volkes sei, nicht ein vorsorgliches, verehrungswürdiges ‚Oben' im Verhältnis zu einem an Bescheidenheit gewöhnten ‚Unten'. Bevor man diese bis jetzt unhistorische und willkürliche, wenn auch logischere Aufstellung des Begriffs Regierung annimmt, möge man doch ja die Folgen erwägen: denn das Verhältnis zwischen Volk und Regierung ist das stärkste vorbildliche Verhältnis, nach dessen Muster sich unwillkürlich der Verkehr zwischen Lehrer und Schüler, Hausherrn und Dienerschaft, Vater und Familie, Heerführer und Soldat, Meister und Lehrling bildet. Alle diese Verhältnisse gestalten sich jetzt unter dem Einflusse der herrschenden konstitutionellen Regierungsform ein wenig um: sie werden Kompromisse. Aber wie müssen sie sich verkehren und verschieben, Namen und Wesen wechseln, wenn jener allerneueste Begriff überall sich der Köpfe bemeistert hat! — wozu es wohl noch ein Jahrhundert brauchen dürfte. Hierbei ist nichts mehr zu wünschen als Vorsicht und langsame Entwickelung.“

Empfehlung der Sklaverei

Neben dieser recht diskutabeln Betrachtung, die wohl ein Körnchen Wahrheit enthält, steht aber sofort die andere, daß eine höhere Kultur nur da entstehen könne, wo es zwei unterschiedene Kasten der Gesellschaft gebe: eine Herrenkaste und eine Sklavenkaste.[1] Damit wird eine Auffassung wiedergegeben, welche Nietzsche schon bei der Geburt der Tragödie beherrscht hat, und der er in der Ausführung des zweiten Teiles der ursprünglichen Disposition Ausdruck gegeben hat.[2] Er hat damals ausgeführt, daß *„nur auf dem Boden der Sklaverei der wunderbare Lebensbaum der griechischen Kunst erwachsen konnte.“* Da die Triumphzüge der Kultur nur einer unglaublich geringen Minderheit von bevorzugten Sterblichen zugute kommen könnten, sei der *Sklavendienst der Masse eine Notwendigkeit.* Man rede wohl von Würde des Menschen und Würde der Arbeit; aber damit die Arbeit Anspruch auf diesen ehrenden Titel habe, müsse doch das Dasein selbst, zu dem sie nur das qualvolle Mittel biete, mehr Würde und Wert haben. Nietzsche hat nichts übrig

[1] Werke II, 327. An dieser Stelle wird der Ausdruck „Sklaverei“ noch nicht gebraucht, sondern von Zwangsarbeit und Freiarbeit gesprochen.

[2] Werke IX, 144 ff.

für den Wert der Arbeit an sich,[1] für die lebenerhaltende und lebenstärkende Bedeutung, die sie für den Einzelnen wie für die Gesamtheit hat, für das Gefühl der Befreiung und Selbsterhebung, das sie namentlich dann gewährt, wenn sie als die Erfüllung einer sittlichen Pflicht, wenn sie im Dienste einer höheren Lebensaufgabe geleistet wird. Er sagt: *„Wir müssen uns dazu verstehen, als grausam klingende Wahrheit hinzustellen, daß zum Wesen der Kultur das Sklaventum gehört... und wenn es wahr sein sollte, daß die Griechen an ihrem Sklaventum zugrunde gegangen sind, so ist das andere viel gewisser, daß wir an dem Mangel an Sklaventum zugrunde gehen werden.“*[2] *„So redet die verklingende Stimme der alten Zeit zu uns, aber wo sind noch Ohren, sie zu hören.“*[3] *„Man täuscht sich als Zuschauer über die Leiden und Entbehrungen der niederen Schichten des Volkes, weil man unwillkürlich nach dem Maße der eigenen Empfindung mißt, wie als ob man selber mit seinem höchst reizbaren und leidensfähigen Gehirn in die Lage jener versetzt werde. In Wahrheit nehmen die Leiden und Entbehrungen mit dem Wachstum der Kultur des Individuums zu; die niederen Schichten sind die stumpfesten; ihre Lage verbessern, heißt sie leidensfähiger machen.“*[4] *„Weil sehr viele harte und grobe Arbeit getan werden muß, so müssen auch Menschen erhalten werden, welche sich derselben unterziehen,*

[1] Werke IV, 169, 173ff. [2] Werke IX, 153.
[3] Werke II, 327. [4] Werke XI, 142.

soweit nämlich Maschinen diese Arbeit nicht ersparen können. Dringt in die Arbeiterklasse das Bedürfnis und die Verfeinerung höherer Bildung, so kann sie jene Arbeit nicht mehr tun, ohne unverhältnismäßig sehr zu leiden. Ein soweit entwickelter Arbeiter strebt nach Muße und verlangt nicht Erleichterung der Arbeit, sondern Befreiung von derselben, das heißt, er will sie jemand anderem aufbürden. Man könnte vielleicht an eine Befriedigung seiner Wünsche und an eine massenhafte Einführung barbarischer Völkerschaften aus Asien oder Afrika denken, so daß die zivilisierte Welt fortwährend die unzivilisierte sich dienstbar machte, und auf diese Weise Nichtkultur geradezu als Verpflichtung zum Frondienste betrachtet würde. In der Tat ist in den Staaten Europas die Kultur des Arbeiters und des Arbeitgebers oft so nahe gerückt, daß die noch längere Zumutung aufreibender mechanischer Arbeit das Gefühl der Empörung wachruft."[1] Rußland, das Rußland Alexanders II., mit seinem Despotismus und Absolutismus und der ungebildeten Masse seiner Bevölkerung erscheint hiernach auch dem späteren Nietzsche als ein Ideal, als „*die einzige Macht, die noch etwas versprechen kann.*"[2] Es mag sein, daß diese theoretischen Betrachtungen des einsamen Philosophen manchem recht angenehm in die Ohren klingen. Aber der gewaltige Schritt der Weltgeschichte ist ein anderer, und angesichts der heutigen sozialen Aufgaben erscheinen solche

[1] Werke XI, 143. [2] Werke VIII, 151.

Reflektionen als lächerliche Utopien. Sie sind aber auch innerlich unwahr, und zwar gerade vom Standpunkte Nietzsches aus, welcher in der Hervorbringung des Genies das höchste Ziel der Kulturentwickelung erblickt. Es besteht in dieser Hinsicht kein virtueller Unterschied zwischen dem Tagarbeiter und dem „Höherstehenden.“ Wie die Geschichte lehrt, gehen unausgesetzt auch aus den unteren Volksschichten Künstler und Gelehrte, Unternehmer und Kaufleute, Feldherren und Staatsmänner ersten Ranges hervor. Derfflinger, der später geadelte brandenburgische Generalfeldmarschall, trat als armer Bauernsohn und Gemeiner in die Armee; Kant war der Sohn eines Handwerkers; Bunsen, der später geadelte preußische Staatsmann und Gelehrte, entstammte einer Familie kleiner Bauern in Corbach; sein Vater hatte die gräfliche Kinderfrau geheiratet; Astor, der amerikanische Milliardär, war der Sohn eines Metzgers und kleinen Landwirts in Walldorf bei Heidelberg; Lenbachs Vater war ein armer Maurermeister in Schrobenhausen, u. s. w.

Stellung Nietzsches zur sozialen Frage

Als in den achtziger Jahren des vorigen Jahrhunderts die soziale Frage in Deutschland in den Vordergrund aller aktuellen Interessen trat, als in Ausführung der berühmten Kaiserlichen Botschaft durch die Arbeiterversicherung eine geniale Großtat zustande gekommen war, welche die Richtung der ganzen Sozialpolitik auf Jahrzehnte, vielleicht auf Jahrhunderte hinaus bestimmt und für die ganze kultivierte Welt vorbildlich gewirkt hat, da schrieb Nietzsche in seiner „Götzendämmerung“ über die Arbeiterfrage das folgende: *„Die Dummheit, im Grunde die Instinkt-Entartung, welche heute die Ursache aller Dummheiten ist, liegt darin, daß es eine Arbeiterfrage gibt. Über gewisse Dinge fragt man nicht: erster Imperativ des Instinktes. — Ich sehe durchaus nicht ab, was man mit dem europäischen Arbeiter machen will, nachdem man erst eine Frage aus ihm gemacht hat. Er befindet sich viel zu gut, um nicht Schritt für Schritt mehr zu fragen, unbescheidener zu fragen. Die Hoffnung ist vollkommen vorüber, daß hier sich eine bescheidene und selbstgenügsame Art Mensch, ein Typus Chinese, zum Stande herausbilde: und dies hätte Vernunft gehabt, dies wäre geradezu eine Notwendigkeit gewesen. Was hat man getan? — Alles, um auch die Voraussetzung dazu im Keime zu vernichten; – man hat die Instinkte, vermöge deren ein Arbeiter als Stand möglich, sich selber möglich wird, durch die unverantwortlichste Gedankenlosigkeit in Grund und Boden zerstört. Man hat den Arbeiter militärtüchtig gemacht, man hat ihm das Koalitionsrecht, das politische Stimmrecht gegeben; was Wunder, wenn der Arbeiter seine Existenz heute bereits als Notstand (moralisch ausgedrückt als Unrecht) empfindet? Aber was will man? nochmals gefragt. Will man einen Zweck, muß man auch die Mittel wollen; will man Sklaven, so ist man ein Narr, wenn man* *sie zu Herren erzieht.*"[1] — Mit Recht sagt Seillière:[2] „Soziale Verständnislosigkeit, das ist das Urteil, das sich jedem besonnenen Denker von Nietzsches Werk aufzwingt. Vorübergehende strahlende Blitze von Scharfsinn und Wahrheit können den zersetzenden ungesunden Charakter seiner sozialen Ideen nicht auslöschen." Jedenfalls haben Nietzsches philosophische Betrachtungen das soziale Problem nicht um ein Atom gefördert. Niemand, der sich ernsthaft mit ihm beschäftigt, wird ihnen auch nur den geringsten Wert beimessen können.

Waren die Urteile Nietzsches über den modernen Staat in den beiden ersten Perioden seiner literarischen Tätigkeit zwar abfällig und von einseitiger Beschränktheit, aber doch immerhin gemäßigt und im Rahmen einer anständigen Kritik bestehender Verhältnisse gehalten, war der Kern seiner damaligen Auffassung den im Satz gelegen: *„So wenig Staat als möglich!"*,[3] so klingt uns sein Urteil über den Staat im Zarathustra in einer ganz anderen Tonart entgegen. Seine stets vorhandene Abneigung gegen die herrschende staatliche Ordnung hat sich zu blindem Haß und rohem Fanatismus gesteigert. Der Menschheitslehrer Zarathustra läßt sich über *„den neuen Götzen"* wie folgt vernehmen:[4] Auffassung vom Staat im "Zarathustra"

[1] Werke VIII, 153.
[2] S. 176.
[3] Werke IV, 173.
[4] Werke VI, 69ff.

„Irgendwo, gibt es noch Völker und Herden, doch nicht bei uns, meine Brüder: da gibt es Staaten.

Staat? Was ist das? Wohlan! Jetzt tut mir die Ohren auf, denn jetzt sage ich Euch mein Wort vom Tode der Völker.

Staat heißt das kälteste aller kalten Ungeheuer. Kalt lügt es auch; und diese Lüge kriecht aus seinem Munde! ‚Ich, der Staat, bin das Volk.'

Lüge ist's! Schaffende waren es, die schufen die Völker und hängten einen Glauben und eine Liebe über sie hin; also dienten sie dem Leben.

Vernichter sind es, die stellen Fallen auf für Viele und heißen sie Staat: sie hängen ein Schwert und hundert Begierden über sie hin.

Wo es noch Volk gibt, da versteht es den Staat nicht und haßt ihn als bösen Blick und Sünde an Sitten und Rechten.

Dieses Zeichen gebe ich euch; jedes Volk spricht seine Zunge des Guten und Bösen: die versteht der Nachbar nicht. Seine Sprache erfand er sich in Sitten und Rechten.

Aber der Staat lügt in allen Zungen des Guten und Bösen; und was er auch redet, er lügt – und was er auch hat, gestohlen hat er's.

Falsch ist alles an ihm; mit gestohlenen Zähnen beißt er, der Bissige. Falsch sind selbst seine Eingeweide.

Sprachverwirrung des Guten und Bösen: dieses Zeichen gebe ich euch als Zeichen des Staates. Wahrlich, den Willen zum Tode deutet dieses

Zeichen! Wahrlich, es winkt den Predigern des Todes!

Viel zu Viele werden geboren: für die Überflüssigen ward der Staat erfunden!

Seht mir doch, wie er sie an sich lockt, die Viel-zu-Vielen! Wie er sie schlingt und kaut und wiederkäut!

‚Auf der Erde ist nichts Größeres als ich: der ordnende Finger bin ich Gottes' – also brüllt das Untier. Und nicht nur Langgeohrte und Kurzgeäugte sinken auf die Kniee!

Ach, auch in euch, ihr großen Seelen, raunt er seine düsteren Lügen! Ach, er errät die reichen Herzen, die gerne sich verschwenden!

Ja, auch euch errät er, ihr Besieger des alten Gottes! Müde wurdet ihr im Kampfe und nun dient eure Müdigkeit noch dem neuen Götzen!

Helden und Ehrenhafte möchte er um sich aufstellen, der neue Götze! Gerne sonnt er sich im Sonnenschein guter Gewissen, – das kalte Untier!

Alles will er euch geben, wenn ihr ihn anbetet, der neue Götze: also kauft er sich den Glanz eurer Tugend und den Blick eurer stolzen Augen.

Ködern will er mit euch die Viel-zu-Vielen! Ja, ein Höllenkunststück ward da erfunden, ein Pferd des Todes, klirrend im Putz göttlicher Ehren!

Ja, ein Sterben für Viele ward da erfunden, das sich selber als Leben preist: wahrlich ein Herzensdienst allen Predigern des Todes!

4*

Staat nenne ich's, wo alle Gifttrinker sind, Gute und Schlimme: Staat, wo alle sich selber verlieren, Gute und Schlimme: Staat, wo der langsame Selbstmord aller – ‚das Leben' heißt.

Seht mir doch diese Überflüssigen! Sie stehlen sich die Werke der Erfinder und die Schätze der Weisen: Bildung nennen sie ihren Diebstahl – und alles wird ihnen zu Krankheit und Ungemach!

Seht mir doch diese Überflüssigen! Krank sind sie immer, sie erbrechen ihre Galle und nennen es Zeitung. Sie verschlingen einander und können sich nicht einmal verdauen.

Seht mir doch diese Überflüssigen! Reichtümer erwerben sie und werden ärmer damit. Macht wollen sie und zuerst das Brecheisen der Macht, viel Geld, – diese Unvermögenden!

Seht sie klettern, diese geschwinden Affen! Sie klettern übereinander hinweg und zerren sich also in den Schlamm und die Tiefe.

Hin zum Throne wollen sie alle: ihr Wahnsinn ist es, – als ob das Glück auf dem Throne säße! Oft sitzt der Schlamm auf dem Thron – und oft auch der Thron auf dem Schlamme.

Wahnsinnige sind sie mir alle und kletternde Affen und Überheiße. Übel riecht mir ihr Götze, das kalte Untier: übel riechen sie mir alle zusammen, diese Götzendiener.

Meine Brüder, wollt ihr denn ersticken im Dunste ihrer Mäuler und Begierden? Lieber zerbrecht doch die Fenster und springt in's Freie!

Geht doch dem schlechten Geruche aus dem Wege! Geht fort von der Götzendienerei der Überflüssigen!

Geht doch dem schlechten Geruche aus dem Wege! Geht fort von dem Dampfe dieser Menschenopfer!

Frei steht großen Seelen auch jetzt noch die Erde. Leer sind noch viele Sitze für Einsame und Zweisame, um die der Geruch stiller Meere weht.

Frei steht noch großen Seelen ein freies Leben. Wahrlich, wer wenig besitzt, wird um so weniger besessen: gelobt sei die kleine Armut!

Dort, wo der Staat aufhört, da beginnt erst der Mensch, der nicht überflüssig ist: da beginnt das Lied des Notwendigen, die einmalige und unersetzliche Weise.

Dort, wo der Staat aufhört, – so seht mir doch hin, meine Brüder! Seht ihr ihn nicht, den Regenbogen und die Brücken des Übermenschen? –

Also sprach Zarathustra."

Wer sich gerne an gewaltigen Worten berauscht und an dem der christlichen Bibel abgelauschten prophetischen Pathos, mag diese Rede entzückend finden. Ihr Gedankeninhalt schrumpft bei näherer Prüfung immer mehr zusammen. Der Gegensatz, der zwischen Völkern und Staaten gemacht wird, beruht auf einer Auffassung, die von jeder historischen Entwicklung absieht, als ob es überhaupt keine Geschichte gäbe. Die Staatenbildung des 19. Jahrhunderts ist doch gerade auf Kritik völkischer (nationaler) Grundlage erfolgt. Das Verdienst der großen Lehrer der Menschheit, „der Schaffenden,“ bestand eben darin, daß sie aus den „Herden“ Staaten schufen. Was die Vielen und Vielzuvielen, über die Nietzsche immer und immer wieder klagt, für die nationale Wehrkraft und damit für Stellung, Macht und Einfluß eines Volkes im internationalen Verkehr bedeuten, daran scheint unser „tiefer“ Philosoph nicht zu denken. Streber und Götzendiener sind zu allen Zeiten gegeißelt worden, vielleicht nicht mit so vollem Munde, dafür aber mit mehr Geist, Witz und Lebenserfahrung. Was endlich die Grundstimmung der ganzen Rede Zarathustras betrifft – und das ist bei einer lyrisch-philosophischen Dichtung (Gedankenlyrik) eigentlich die Hauptsache — so ist ja die Gesinnung des Einzelnen gegenüber dem Staate je nach der Atmosphäre, in der er lebt und wirkt, also je nach Erziehung, Erfahrung, Lebensstellung, Parteizugehörigkeit, eine außerordentlich verschiedene. Betrachtet man die Verhältnisse in Deutschland, die wohl auch Nietzsche in erster Reihe vorgeschwebt haben, so kann man sagen, daß noch in sehr breiten Schichten der Bevölkerung die Liebe zum Staate mit der Vaterlandsliebe zusammenfällt. Dem entspricht auch die Auffassung unserer großen bürgerlichen Parteien, die sich, im Gegensatze zu der sozialdemokratischen mit Vorliebe als die staatserhaltenden bezeichnen. Sie suchen in dem Bewußtsein politischer Verantwortlichkeit dem Ganzen, das sich für sie im Staate verkörpert, zu dienen.

Die deutsche Sozialdemokratie bekämpft zwar den heutigen Staat und seine Machthaber. Sie denunziert ihn als Militärstaat, als Klassenstaat und sucht die jeder menschlichen Organisation und Institution unvermeidlich anhaftenden Mängel hervorzuheben, zu übertreiben und für ihre Propaganda auszubeuten. Sie verspricht aber von ihrem sozialen Zukunftsstaat die Gewährleistung der wirtschaftlichen Wohlfahrt jedes Einzelnen und erklärt sich, wenigstens in der Theorie, bereit, zu diesem Zwecke den Staat mit einer Machtfülle auszustatten, welche die individuelle Verschiedenheit und Freiheit notwendig erdrücken müßte. In klerikalen Kreisen hat man, besonders in den Zeiten des Kulturkampfes, der Staatsidee vielfach geflissentlich, und nicht ohne Erfolg, entgegengearbeitet. Diese Auffassung möchte am liebsten alle idealen und ästhetischen Aufgaben allein der Kirche zuweisen, für die Kirche allein alle persönliche Hingebung und Sympathie des Einzelnen in Anspruch nehmen, den Staat dagegen auf die sehr unliebsamen Geschäfte der Steuererhebung, des militärischen Drills und der Verfolgung und Bestrafung der Verbrechen beschränken. Es ist ein Ausfluß dieser Auffassung, wenn noch auf einem der letzten Katholikentage ein geistlicher Führer des Zentrums den Versammelten zurief, der Staat habe für sie nichts übrig als „Steuern und Kanonen".

Politische oder religiöse Erwägungen der einen oder anderen Art können für Nietzsche bei seinem Urteile über den Staat unmöglich eine Rolle gespielt haben. Er war in seinen politischen Ansichten international, in seinen religiösen leidenschaftlicher Atheist geworden. Ebensowenig können ihn etwaige persönliche Erlebnisse beeinflußt haben. Man macht zwar die Erfahrung, daß viele, welche den Staat zum Brotherrn haben, insbesondere viele Staatspensionäre, ihm eine gewisse Gehässigkeit entgegenbringen, in der sich wohl die Unzufriedenheit mit ihrer wirtschaftlichen Lage oder sozialen Stellung Luft macht. Auch Nietzsche wurde nach seiner kurzen Lehrtätigkeit in Basel Staatspensionär. Und die Pension von dem verhaßten *„kalten Ungeheuer“* anzunehmen, hat ihn die *„Ehrfurcht vor sich selbst“* nicht gehindert! Gleichwohl würde man einen Geist wie Nietzsche falsch verstehen, wenn man ihm kleinliche Motive unterschieben wollte. Seine leidenschaftliche Abneigung gegen den Staat muß vielmehr teils in seiner persönlichen Veranlagung, seiner extrem-aristokratischen Lebensauffassung, seinen antisozialen Neigungen, teils in seiner geistigen Erkrankung gesucht werden. Nietzsche rühmte sich wiederholt seiner Abstammung von einem polnischen Edelmann. In der staatenlosen Utopie, welche ihm vorschwebt, würden unvermeidlich „polnische Zustände“ herrschen! Die mitgeteilte Zarathustra-Rede zeigt aber unverkennbar auch psychopathische Merkmale. Sie liest sich wie der Wutausbruch eines Gehirnkranken, und sie ist es wohl auch. Von diesem Gesichtspunkt aus beurteilt, ist sie einer sachlichen Widerlegung weder wert noch fähig.

Dritter Abschnitt

Nietzsches Philosophie und die Frau

Unfähigkeit Nietzsches zur Beurteilung der Frauen

Drews sagt in seinem vortrefflichen Werke,[1] die Urteile Nietzsches über das weibliche Geschlecht gehören zu dem „feinsten, was über diesen Gegenstand überhaupt gesagt worden ist." Ob er dabei speziell an den Ausspruch Nietzsches über die Frauen gedacht hat:[2] *„Bestenfalls sind sie Kühe,"* mag hier dahingestellt bleiben. Es muß aber überhaupt bestritten werden, daß ein Mann wie Nietzsche, der nicht verheiratet war, nie mit einem Weibe dauernd in Lebensgemeinschaft und geistigem Verkehr stand und nur wenig gesellschaftlichen Verkehr mit Frauen gepflegt hat, zu einem Urteile über sie befähigt und berufen ist. Mit Recht betont Riehl,[3] daß die Urteile Nietzsches über die Frauen der persönlichen Erfahrung entbehren. Die Mutter Nietzsches hat offenbar nur geringen Einfluß auf seine Geistesbildung gehabt. Er nennt sie liebkosend

[1] S. 434. [2] Werke VI, 82. [3] S. 162.

„die kleine Törin“. Mit seiner Schwester Frau Foerster-Nietzsche hat er zwar in bestem geschwisterlichen Einvernehmen gestanden und wiederholt längere Zeit mit ihr zusammengelebt. Aber eine geistige Verwandtschaft bestand zwischen den Geschwistern augenscheinlich nur in beschränktem Maße. Denn daß Frau Foerster-Nietzsche eines ganz anderen Geistes Kind ist als ihr Bruder, für dessen Berühmtheit sie jetzt so eifrig am Werke ist, das ergibt zur Genüge ein Blick in ihre Schriften.[1] Sie bemüht sich unaufhörlich, große Quantitäten Zuckerwasser in das von Nietzsche gebraute Gift zu gießen, ohne es dadurch bekömmlicher zu machen. Nietzsche kennt die Frau nicht in ihrer eigentlichen Bestimmung, in welcher allein sie ihr volles Wesen offenbaren kann. Er kennt sie nicht als Lebensgefährtin ihres Mannes, als Genossin seines Strebens, seiner Sorgen und Leiden, seiner Kämpfe und seiner Erfolge; er kennt sie nicht als aufopfernde Mutter ihrer Kinder, die todesmutig am Krankenlager ihres Lieblings wacht; er kennt sie nicht als geduldige, pflichttreue und unermüdliche Erzieherin ihrer Söhne und Töchter. Geschichtlich bekannt ist der große Einfluß, welchen bedeutende Mütter auf ihre später berühmt gewordenen Söhne gehabt haben. Dagegen ist Nietzsche eine gewisse Gattung von Weibern nicht unbekannt geblieben, über welche man in

[1] Vgl. auch Naumann: Zarathustra-Kommentar Bd. I, S. 9fg.

guter Gesellschaft nicht gerne spricht. Es ergibt sich dies nicht nur aus dem Zeugnis von Gewährsmännern;[1] es geht meines Erachtens aus den Schriften Nietzsches selbst hervor. Es sei hier nur auf den „Nachtischpsalm“ im Zarathustra verwiesen.[2] Das überaus schlüpfrige Gedicht, das „Amen“ und „Sela“ geflissentlich parodiert, schließt damit, daß es den welthistorischen Ausruf Luthers auf dem Wormser Reichstag zu einer empörenden Frivolität – zu einer Zote verwertet. Es würde einen geschätzten Beitrag für ein pornographisches Erzeugnis bilden. Dem Gedicht einen Platz in einer ernsten philosophischen Dichtung einzuräumen, das konnte nur ein Autor über sich gewinnen, dem die Gehirnkrankheit „Scheu und Scham zerstört hatte.“[3] Das ist die mildeste Erklärung.

Rechtshistorische Entwicklung der heutigen Stellung des Weibes

Bevor auf die Auffassung Nietzsches von dem Weibe und die von ihm hieraus gezogenen Konsequenzen eingegangen wird, sei hier eine kurze Betrachtung der heutigen rechtlich anerkannten Stellung des Weibes in der Familie und im praktischen Leben vorausgeschickt. Diese Stellung ist das Resultat einer Jahrhunderte langen Rechtsentwickelung. Soweit sie privatrechtlicher Natur

[1] Vgl. Möbius S. 50.

[2] Werke VI, 443ff. Vgl. auch Werke XIV, 249: *„Wir sind ja keine albernen Keuschheits-Fasler: wenn man ein Weib braucht, wird man schon ein Weib finden, ohne darum Ehen zu brechen oder Ehen zu gründen.“*

[3] Möbius S. 124, 126, 153.

ist, sind es wesentlich deutschrechtliche Grundsätze, welche sie bestimmen. Das Eindringen des Römischen Rechtes in Deutschland in der zweiten Hälfte des Mittelalters hat auf dem Gebiete des Eherechts, der Vormundschaft, des ehelichen Güterrechts zwar manche Umgestaltung im einzelnen bewirkt; aber im allgemeinen hat sich gerade auf diesem Gebiete die nationale Rechtsauffassung siegreich behauptet. Die „Mund" der alten germanischen Volksrechte bedeutete eine fast unbeschränkte Gewalt des Hausvaters über Weib, Kind und Knecht. Das Weib konnte ohne Mundwalt nicht leben. Im Hause war die Ehegattin nur die erste Untergebene des Hausherrn. Aber ihre rechtliche Abhängigkeit wurde durch die Sitte ausgeglichen und gemildert, welche der germanischen Frau Ehrerbietung, ja Heiligung entgegenbrachte. Unter dem Einflusse des Christentums wurde die Stellung des Weibes eine selbständigere. War früher die Braut von ihrem Mundwalt an den zukünftigen Eheherrn verkauft worden, so erscheint im Mittelalter die Einwilligung der Braut als wesentlich für die Eheschließung. Die Macht des Ehemanns wurde vielfach auch durch die wirtschaftlichen Verhältnisse beschränkt. Die zahlreichen privatrechtlichen Abhängigkeitsverhältnisse (die Unterordnung der Unfreien, Halbfreien, der Hintersassen, der Leibeigenen unter die Guts-, Vogt- und Fronherren) engte die Gewalt des Mannes über die Frau zugunsten des Mundherrn ein, für welchen ihre Arbeitskraft ein wirtschaftliches Gut bedeutete. Gegen Ende des zwölften Jahrhunderts ist die Geschlechtsvormundschaft über erwachsene unverheiratete Weiber und über Witwen so beschränkt, daß sie nur noch für ihre Vertretung in eigentlichen Rechtsangelegenheiten (vor Gericht und bei wichtigen Rechtsgeschäften) besteht. Im ehelichen Güterrecht tritt an Stelle des persönlichen Mundialrechts des Ehemanns immer mehr die genossenschaftliche Idee in den Vordergrund. Die eheliche Errungenschaft wird als Eigentum der Ehegatten zur gesamten Hand anerkannt. Die Familie erhält eine doppelte Spitze; den Kindern stehen die Eltern mit dem Anspruch auf Gehorsam und der Pflicht zur Erziehung, zu Schutz und Fürsorge gegenüber. Die überlebende Witwe wird an Stelle des Mannes das Haupt der Familie und setzt das güterrechtliche Verhältnis in der Weise fort, daß sie auch in der Verwaltung des Vermögens an die Stelle des Mannes tritt. Die Versuche, das eindringende römische Recht, seine patria potestas und sein Dotalsystem mit diesen Grundsätzen zu vereinigen, haben zwar der hier angedeuteten Entwickelung entgegengearbeitet, konnten sie aber auf die Dauer nicht aufhalten. Der Vater muß auch in der Folgezeit seine Gewalt über die Kinder mit der Mutter teilen. Das deutsche eheliche Güterrecht erhält sich in zahlreichen Partikularstatuten. In der Ehe ist die Frau zwar dem Manne Gehorsam schuldig; aber es wird kein knechtischer Gehorsam gefordert, sondern die Ehe wird als ein sittliches, durch die Kirche geheiligtes Verhältnis aufgefaßt, in welchem die Frau die soziale Stellung des Mannes teilt, seinem Hauswesen vorsteht und mit dem gleichen Rechte wie der Mann eheliche Treue beansprucht. Die Geschlechtsvormundschaft über unverheiratete erwachsene Frauenpersonen oder Witwen verschwindet immer mehr. Die deutschen Kodifikationen aus der zweiten Hälfte des achtzehnten und der ersten Hälfte des neunzehnten Jahrhunderts, insbesondere das Preußische Allgemeine Landrecht, stehen bereits grundsätzlich auf dem Standpunkt tunlichster Gleichstellung beider Geschlechter. Das neue deutsche Bürgerliche Gesetzbuch hat das Prinzip der Gleichberechtigung anerkannt und konsequent durchgeführt.[1] Es hat eine Reihe von Ausnahmen und Beschränkungen hinweggeräumt, welche man bis dahin im Interesse des weiblichen Geschlechtes selbst aufrecht erhalten zu müssen glaubte. Im heutigen Recht sind alle Beschränkungen der privaten Handlungsfähigkeit des Weibes beseitigt.[2] Es sind alle Schutzbestimmungen gefallen, durch welche früher Frauenspersonen behindert waren, Bürgschaften einzugehen, Vormundschaften zu übernehmen oder

Stellung des Weibes nach dem Bürgerlichen Gesetzbuch

[1] Vgl. Motive zum Entwurf eines Bürgerlichen Gesetzbuches Bd. I, S. 26.

[2] Vgl. Planck: Die rechtliche Stellung der Frau (4. Aufl.), Jastrow: Das Recht der Frau (Berlin 1897), Baumstätter: Rechtsverhältnisse der deutschen Frau (Köln 1900), Hachenburg: Vorträge (2. Aufl. 1900), S. 375ff.

sich durch Wechsel zu verpflichten. Die Volljährige kann vor Gericht selbständig ihre Prozesse führen. Sie kann ebenso wie der Mann Solemnitäts-, Testaments- und Trauzeuge sein. Auch in der Ehe stehen sich Mann und Frau gleichberechtigt gegenüber. Die Ehe ist als eine auf sittlicher Grundlage beruhende, dauernde Lebensgemeinschaft aufgefaßt.[1] Allerdings ist der Mann das Haupt der Familie. Wie er den Namen der Frau bestimmt, so steht ihm auch in allen das gemeinschaftliche Leben betreffenden Angelegenheiten die Entscheidung zu. Aber die Frau ist dann nicht verpflichtet, dieser Entscheidung Folge zu leisten, wenn sie sich als Mißbrauch seines Rechts darstellt. Hinsichtlich der Ehescheidungsgründe sind Mann und Frau (im Gegensatz zum Code civil) vollständig gleich behandelt. Ehebruch, Lebensnachstellung, bösliche Verlassung oder ein Verhalten des einen Ehegatten, welches die sittliche Grundlage der Ehe derart erschüttert, daß dem anderen ihre Fortsetzung nicht zugemutet werden kann, begründen unter den gleichen gesetzlichen Voraussetzungen den Anspruch auf Scheidung für die Frau wie für den Mann. Nach dem gesetzlichen ehelichen Güterrecht hat der Mann die Verwaltung des gemeinschaftlichen Vermögens und Verwaltung und Nutznießung des eingebrachten Gutes der Frau; aber die Ehegatten können jederzeit diese Be-

[1] Motive zum Entwurf eines Bürgerlichen Gesetzbuches Bd. IV, S. 104.

fugnisse des Mannes hinsichtlich des Frauenguts durch Ehevertrag ausschließen oder beschränken. Bei vollständiger Gütertrennung ist die Ehefrau freie Herrin ihres ganzen Vermögens und nur verpflichtet, zur Bestreitung des ehelichen Aufwandes einen Beitrag zu leisten. – Manche halten diese Regelung des Bürgerlichen Gesetzbuches noch nicht für genügend. Sie verlangen eine viel weitergehende Emanzipation des weiblichen Geschlechts. Sie wollen die Ehe als ein frei lösbares Vertragsverhältnis anerkannt wissen, in welchem der Mann keine ausschlaggebende Stimme (vielleicht überhaupt keine Stimme mehr!) haben soll. Sie verlangen außerdem Gleichberechtigung des Weibes mit dem Mann auch in allen öffentlich-rechtlichen Beziehungen, Anteilnahme des Weibes an allen öffentlichen Ämtern, im politischen Leben u. s. w.

Nietzsches Auffassung vom Weibe in seiner zweiten Schaffensperiode

Die philosophische Auffassung Nietzsches perhorresziert die im heutigen Recht anerkannte Stellung des Weibes. Würden seine Ideen verwirklicht, so würde die dargestellte, Jahrhunderte lange Rechtsentwicklung auf den Anfang der Kultur zurückgeschraubt. Die Frau ist für ihn die Leibeigene ihres Mannes, die seiner beliebigen körperlichen Züchtigung unterworfene furchtsame Sklavin seiner Gebote, das willenlose Spielzeug seiner Begierden. Allerdings sind auch die Urteile Nietzsches über das weibliche Geschlecht nach den verschiedenen Perioden seiner Entwicklung verschieden. In der Periode seines gesündesten

Denkens finden sich einige schöne Aussprüche, welche mit seinen späteren Urteilen im schroffen Widerspruch stehen. So sagt er in „Menschliches Allzumenschliches“:[1] *„Das vollkommene Weib ist ein höherer Typus des Menschen als der vollkommene Mann: Auch etwas viel Seltneres.“* Aber gleichzeitig erklärt er, daß die Männer gewöhnlich etwas sinken, wenn sie Frauen nehmen[2] (nebenbei bemerkt, eine echt weibliche Auffassung). Er meint, daß die Frauen *„die Langeweile nicht empfinden, weil sie niemals ordentlich arbeiten gelernt haben.“*[3] Sie hätten es verstanden, sich *„wie die Drohnen im Bienenkorbe ernähren zu lassen.“* Auch wo sie wirklich tätig seien, wüßten sie *„ein sinnverwirrendes Aufsehen davon zu machen, so daß von den Männern das Verdienst ihrer Tätigkeit zehnfach überschätzt zu werden pflegt.“*[4] Nietzsche erschrickt bei dem Gedanken an ein Mädchengymnasium: *„um alles in der Welt nicht noch unsere Gymnasialbildung auf die Mädchen übertragen.“*[5] Er bezweifelt, ob Frauen überhaupt gerecht sein können, da sie so gewohnt seien zu lieben, gleich für oder wider zu empfinden: *„So entsteht eine nicht geringe Gefahr, wenn ihnen die Politik oder einzelne Zweige der Wissenschaft anvertraut werden.“*[6] Seine Neigung zum Paradoxen zeigt sich in dem Ausspruch *„die Weiber haben den Verstand, die Männer das Gemüt und*

[1] Werke II, S. 301. [2] Werke II, 304.
[3] Werke II, 303. [4] Werke II, 309. [5] Werke II, 307.
[6] Werke II, 311.

die Leidenschaft.“[1] Für das sich hingebende Weib hat Nietzsche in diesen Jahren ein warmes Gefühl des Mitleids. So schreibt er in der „Fröhlichen Wissenschaft“: *„Es gibt edle Frauen mit einer gewissen Armut des Geistes, welche, um ihre tiefste Hingebung auszudrücken, sich nicht anders zu helfen wissen, als so, daß sie ihre Tugend und Scham anbieten: es ist ihnen ihr Höchstes. Und oft wird dieses Geschenk angenommen, ohne so tief zu verpflichten, als die Geberinnen voraussetzen — eine sehr schwermütige Geschichte.*“[2] Auch über das Los der vornehm erzogenen jungen Frau in den Flitterwochen gibt sich der Junggeselle Nietzsche elegischen Gedanken hin und gelangt zu dem Ergebnis, *„man kann nicht mild genug gegen die Frauen sein“!*[3] Dabei ist aber der wunderbare Einfluß ganz außer Betracht gelassen, mit welchem die Psyche das Gattungsleben verklärt.

In seinem Zarathustra, in „Jenseits von Gut und Böse“ denkt Nietzsche wesentlich anders über die Frauen. *„Das Weib hätte nicht das Genie des Putzes, wenn es nicht den Instinkt der zweiten Rolle hätte.*“[4] *„Das Weib hat so viel Grund zur Scham; im Weib ist so viel Pedantisches, Oberflächliches, Schulmeisterliches, Kleinlich-Anmaßliches, Kleinlich-Zügelloses und -Unbescheidenes versteckt — man studiere nur seinen Verkehr mit Kindern! —, das im Grunde bisher durch die*

[1] Werke II, 308. [2] Werke V, 99. [3] Werke V, 103; vgl. auch XIV, 235. [4] Werke VII, 105.

Furcht vor dem Manne am besten zurückgedrängt und gebändigt wurde. Wehe, wenn erst das ‚Ewig-Langweilige am Weibe' — es ist reich daran! – sich hervorwagen darf.“[1] Er vergleicht die Frauen wiederholt mit Vögeln und mit Katzen.[2] *„Besten Falles sind sie Kühe.“*[3] *„Das, was am Weibe Respekt und oft genug Furcht einflößt, ist seine Natur, die ‚natürlicher' ist, als die des Mannes, seine echte raubtierhafte listige Geschmeidigkeit, seine Tigerkralle unter dem Handschuh, seine Naivität im Egoismus, seine Unerziehbarkeit und innerliche Wildheit; das Unfaßliche, Weite, Schweifende seiner Begierden und Tugenden ... Was bei aller Furcht für diese gefährliche und schöne Katze ‚Weib' Mitleiden macht, ist, daß es leidender, verletzbarer, liebebedürftiger und zur Enttäuschung verurteilter erscheint als irgend ein Tier.“*[4] Auch jetzt empört sich Nietzsche gegen das *„wissenschaftliche Weib.“* *„Allen rechten Frauen geht Wissenschaft wider die Scham. Es ist ihnen dabei zu Mute, als ob man damit ihnen unter die Haut – schlimmer noch! unter Kleid und Putz gucken wollte.“*[5] *„Wenn ein Weib gelehrte Neigungen hat, so ist gewöhnlich etwas an ihrer Geschlechtlichkeit nicht in Ordnung.“*[6] Aber auch die häusliche Tätigkeit der Frau erregt Nietzsches heftigen Unwillen. Er schreibt: *„Die Dummheit in der Küche; das Weib*

[1] Werke VII, 191 ff. [2] Werke VI, 82, VII, 195, 199. [3] Werke VI, 82. [4] Werke VII, 199. [5] Werke VII, 102. [6] Werke VII, 105.

als Köchin; die schauerliche Gedankenlosigkeit, mit der die Ernährung der Familie und des Hausherrn besorgt wird! Das Weib versteht nicht, was die Speise bedeutet: und will Köchin sein! Wenn das Weib ein denkendes Geschöpf wäre, so hätte es ja, als Köchin seit Jahrtausenden, die größten physiologischen Tatsachen finden, insgleichen die Heilkunst in seinen Besitz bringen müssen! Durch schlechte Köchinnen – durch den vollkommenen Mangel an Vernunft in der Küche ist die Entwickelung des Menschen am längsten aufgehalten, am schlimmsten beeinträchtigt worden: es steht heute selbst noch wenig besser. – Eine Rede an höhere Töchter.“[1] Sein allgemeines Urteil über das Weib wird immer schärfer: *„Man hält das Weib für tief – warum? weil man nie bei ihm auf den Grund kommt. Das Weib ist noch nicht einmal flach.“*[2] *„Das Weib, das Ewig-*

[1] Werke VII, S. 193ff. Nietzsche war magenleidend. Die Behandlung der Magenleidenden in den siebziger Jahren ging vielfach dahin, dem Körper möglichst nahrhafte, eiweißhaltige Stoffe in möglichst konzentrierter Form zuzuführen. Das war auch die Weisheit des praktischen Arztes Dr. Wiel in Bonndorf, welcher Nietzsche behandelt hat, und dessen Buch „Tisch für Magenkranke“ am Oberrhein viel verbreitet war. Inzwischen hat man erkannt, daß zur Assimilation der Speisen durch die Verdauung auch die weniger Nährstoff enthaltenden Kohlehydrahte gleich wichtig sind. Der natürliche und praktische Instinkt, wie er in der gemischten Nahrung des bürgerlichen Tisches zum Ausdruck kommt, hat also doch wohl das Richtige getroffen.

[2] Werke VIII, 64.

Weibliche: ein bloß imaginärer Wert, an den allein der Mann glaubt."[1] *„Das Weib: ein kleiner Feuerherd zwischen viel Rauch und Lüge.*"[1] *„Oberfläche ist des Weibes Gemüt"*, sagt Zarathustra, *„eine bewegliche, stürmische Haut auf einem seichten Gewässer. Des Mannes Gemüt aber ist tief; sein Strom rauscht in unterirdischen Höhlen: das Weib ahnt seine Kraft, aber begreift sie nicht.*" ... *„Ein Spielzeug sei das Weib, rein und fein, dem Edelstein gleich, bestrahlt von den Tugenden einer Welt, welche noch nicht da ist.*" ... *„Zweierlei will der echte Mann, Gefahr und Spiel; deshalb will er das Weib als das gefährlichste Spielzeug.*"[2]

Körperliche Züchtigung der Frau empfohlen

Sehr bekannt ist *„die kleine Wahrheit,"* welche die Weisheit selbst in Gestalt eines alten Weibleins – ich glaube, es trägt die unverkennbaren Züge der durchtriebenen Kuppelmutter[3] – dem redseligen Zarathustra anvertraut: *„Du gehst zu Frauen? Vergiß die Peitsche nicht!*"[4] Man lasse sich durch die pikante, einschmeichelnde Form des Gesprächs *„vom alten und jungen Weiblein"* nicht täuschen. Dieser Form entkleidet, enthält der Ausspruch Nietzsches das folgerichtige Er-

[1] Werke XIV, 237. [2] Werke VI, 96, 97.

[3] Vgl. Kraepelin a. a. O., Bd. II, S. 804.

[4] Werke VI, 98. Als kürzlich im „Recht" (1905, S. 466) die Einführung der Prügelstrafe für jugendliche Rohlinge angeregt wurde, erhob sich dagegen sofort lebhafter Widerspruch. Wenn aber Nietzsche allgemein anempfiehlt, die Frauen mit der Peitsche zu traktieren, so finden dies seine Verehrer originell und geistvoll!

gebnis einer maßlosen Geringschätzung der Frau und eine beispiellose Roheit. Daß es ihm mit der Peitsche blutiger Ernst ist, das ergibt die Nutzanwendung, die er selbst von dem Rat des alten Weibleins macht. Wie ein Hundeliebhaber, der mit seinen Kötern spielt, die zudringlichen mit der Geißel zurücktreibt, die ungehorsamen züchtigt, so wünscht sich Nietzsche den Verkehr mit der Frau. *„Nach dem Takt meiner Peitsche sollst du mir tanzen,"* ruft Zarathustra in dem anderen Tanzlied *„der verfluchten, flinken, gelenken Schlange und Schlupfhexe"* zu, *„tanzen und schreien! Ich vergaß doch die Peitsche nicht? – Nein!"*[1] Es ist naheliegend, an Sadismus zu denken.[2] Aber Nietzsche wünscht körperliche Züchtigung der Frau ganz allgemein. Er zitiert: *„buona femina et mala femina vuol bastone. Sacchetti Nov. 86."*[3] *„Wir waren bisher so artig gegen Frauen, Wehe, es kommt die Zeit, wo man, um mit einer Frau verkehren zu können, ihr vorerst auf den Mund schlagen muß."*[4] Er erklärt, daß *„das Weib, welches verlerne, den Mann zu fürchten, seine weiblichsten Instinkte preisgebe."*[5]

Über eheliche Treue der Frau

Für die eheliche Treue der Frau hat Nietzsche nichts übrig. Im Gegenteil, er findet die tugendhafte Gattin langweilig und läßt durchblicken, daß er an eine treue Liebe der Frau überhaupt nicht glaubt. *„Fliehen wir, meine Freunde, vor dem, was langweilig ist, vor dem bedeckten Himmel,*

[1] Werke VI, 330. [2] Vgl. Seillière, S. 229.
[3] Werke VII, 106. [4] Werke XIV, 241. [5] Werke VII, 197.

vor der Watschel-Gans, vor dem ehrsamen Weibe, vor der alten Jungfer, welche schreibt und Bücher ‚legt', — ist das Leben nicht zu kurz, sich zu langweilen?" [1] ... *„Zum mindesten soll man wissen, daß die treuest und leidenschaftlichst Liebenden gerade eine kleine Untreue zur Erholung nötig haben, ja zur Ermöglichung der Dauer der Liebe."* [2] *„Im Orient und im Athen der letzten Jahrhunderte schloß man die Frauen ab, man wollte die Phantasieverderbnis des Weibes nicht: Das verdirbt die Rasse, mehr als der leibliche Verkehr mit einem Manne."* [3] *„Die Weiber sind (obschon die angezüchtete Schamhaftigkeit ihnen selber daraus ein Geheimnis macht) viel sinnlicher als die Männer: für die es zuletzt wichtigere Funktionen gibt als die geschlechtliche. Aber wenn sich ein schöner Mann einem Weibe nähert – Weiber sind überhaupt unfähig, sich ein Verhältnis zwischen Mann und Weib zu denken, das nicht eine Spannung der Geschlechtlichkeit mit sich brächte."* [4] *„Die Ehe hat die längste Zeit das schlechte Gewissen gegen sich gehabt; sollte man's glauben? Ja man soll es glauben."* [5] *„Ein Don Juan wird in die Hölle geschickt: das ist sehr naiv."* [6] Und Nietzsche glaubt, den Weiblein damit einen guten Wink zu geben, *„wo sie ihr Heil am besten finden."* Gewiß nicht im Himmel, *„wo alle interessanten Menschen*

[1] Werke XIV, 241. [2] Werke XIV, 245.
[3] Werke XIV, 245. [4] Werke XIV, 236.
[5] Werke XIV, 246. [6] Werke XV, 444.

fehlen."[1] – Es ist schwer verständlich, wie ein Mann, der in der reinen Luft eines deutschen Pfarrhauses aufgewachsen ist, zu solcher Lascivität heruntersinken kann.[2]

Urteile über Ehegatten

Von dem Standpunkte tiefster Geringschätzung des Weibes aus betrachtet er auch die Ehegatten, welchen er zufällig begegnet. Und dabei urteilt er offenbar auf Grund des ersten, ganz oberflächlichen Eindrucks; denn niemals hat er mit Ehegatten einen so intimen Verkehr gehabt, daß er einen zuverlässigen Einblick in die Charaktere sich hätte verschaffen können. „*Würdig schien mir dieser Mann und reif für den Sinn der Erde: aber als ich sein Weib sah, schien mir die Erde ein Haus für Unsinnige. Ja, ich wollte, daß die Erde in Krämpfen bebte, wenn sich ein Heiliger und eine Gans miteinander paaren. Dieser ging wie ein Held auf Wahrheiten aus, und endlich erbeutete er sich eine kleine, geputzte Lüge. Seine Ehe nennt er's. Jener war spröde im Verkehr*

[1] Werke XV, 444.

[2] Ziegler (S. 194) nimmt an, daß unbekannte persönliche Verhältnisse Nietzsche zu seinen Urteilen bestimmt haben müssen. Diese Folgerung erscheint bei einem so persönlichen und subjektiven Schriftsteller, wie Nietzsche es ist, durchaus zutreffend. Die Weibspersonen, welche Nietzsche zeichnet, die Situationen, in denen er sie vorführt, die Behandlung, welche er ihnen gegenüber empfiehlt, deuten auf Zustände hin, wie sie in den Häusern öffentlicher Dirnen zu bestehen pflegen. Man vergleiche mit den Bildern, welche Nietzsche von den Weibern entwirft, die Goetheschen Frauengestalten, eine Dorothea, eine Lotte, eine Iphigenie

und wählte wählerisch. Aber mit einem Male verdarb er für alle Male seine Gesellschaft: seine Ehe nennt er's. Jener suchte eine Magd mit den Tugenden eines Engels. Aber mit einem Male wurde er die Magd eines Weibes und nun täte es Not, daß er darüber noch zum Engel werde. Sorgsam fand ich jetzt alle Käufer, und alle haben listige Augen. Aber seine Frau kauft auch der Listigste noch im Sack."[1] Man beachte, daß hier überall der Mann der „Hereingefallene" ist. Der juristische Praktiker, welcher durch seinen Beruf so oft genötigt ist, in eheliche Verhältnisse Einblick zu gewinnen und das Leben unmittelbar im Leben kennen zu lernen, weiß, wie häufig die Frau der gesündere, vernünftigere, sittlich höher stehende Teil der Ehegatten ist. Nietzsche an seinem Schreibtisch schmiedet poetische Prosa; aber seine Poesie ist unwahr, und die eigentliche Prosa und Wirklichkeit des Lebens ist ihm völlig unbekannt geblieben.

Orientalische Auffassung vom Weibe

Von dieser einseitigen, von Vorurteilen beherrschten Auffassung aus gelangt Nietzsche schließlich dazu, die heutige Stellung der Frau in ihren wichtigsten Lebensaufgaben als ein Produkt *„europäischer Instinkt-Entartung"* aufzufassen und an ihre Stelle die orientalische Behandlung des Weibes zu empfehlen. *„Was das Weib betrifft, so neige ich zur orientalischen Behandlung: die ausnahmsweisen Weiber selber beweisen immer das gleiche: – Unfähigkeit zur Gerechtigkeit und*

[1] Werke VI, 103ff.

unglaublich reizbare Eitelkeit. Man soll nichts an ihnen ernst nehmen, ihre Liebe am wenigsten.“[1] *„Die Weiber unter Vormundschaft, Eigentum.“*[2] *„Ein Mann, der Tiefe hat in seinem Geist, wie in seinen Begierden, auch jene Tiefe des Wohlwollens, welche der Strenge und Härte fähig ist und leicht mit ihnen verwechselt wird, kann über das Weib immer nur orientalisch denken; – er muß das Weib als Besitz, als verschließbares Eigentum, als etwas zur Dienstbarkeit Vorbestimmtes und in ihr sich Vollendendes fassen; – er muß sich hierin auf die ungeheure Vernunft Asiens, auf Asiens Instinkt-Überlegenheit stellen, wie dies ehemals die Griechen getan haben, diese besten Erben und Schüler Asiens, – welche, wie bekannt, von Homer bis zu den Zeiten des Perikles, mit zunehmender Kultur und Umfänglichkeit an Kraft, Schritt für Schritt auch strenger gegen das Weib, kurz, orientalischer geworden sind.“*[3] Diese Auffassung steht im direkten Gegensatz zu den Ergebnissen der rechtsvergleichenden Forschungen. Überall — auch bei asiatischen Völkern — zeigt sich die Erscheinung, daß Hand in Hand mit dem Fortschreiten der Kultur die Frau aus ihrer ursprünglichen Rechtlosigkeit in der Zeit der rohen Naturvölker immer mehr von Sitte und Recht in ihrer Stellung gehoben wird, bis sie in den Zeiten hoch entwickelten Kulturzustandes als dem Manne völlig gleich-

[1] Werke XIV, 245. [2] Werke XIV, 246.
[3] Werke VII, 196.

berechtigt anerkannt wird.[1] Und diese Entwickelung ist, wie schon ihre Regelmäßigkeit beweist, keineswegs etwas Gemachtes oder Künstliches. Sie ist vielmehr das Ergebnis der durch die fortschreitende Kultur gegebenen biologischen und sozialen Verhältnisse. So ist auch die rechtliche Emanzipation und Gleichstellung des Weibes im modernen Rechte nicht etwa am grünen Tisch der Gesetzgeber ausgedacht oder irgend einer Rechtstheorie zu Liebe eingeführt; sie war vielmehr ein dringendes Bedürfnis des praktischen Lebens. Man hatte erkannt, daß bei dem heutigen Bildungsstande eine rechtliche Bevormundung des Weibes überflüssig und für Handel und Wandel im Verkehr nur störend und hinderlich ist. Nietzsches Postulate hinsichtlich der Stellung der Frau würden unsere Kultur um Jahrtausende zurückschrauben. Sie sind, Gottlob, ebenso aussichtslos, als sein Verlangen nach Wiedereinführung der Sklaverei.[2]

[1] Vgl. Bartsch: Die Rechtsstellung der Frau als Gattin und Mutter. Leipzig 1903, S. 10ff., Kohler: Indisches Ehe- und Familienrecht in der Zeitschrift für vergleichende Rechtswissenschaft, Bd. III, S. 342ff.

[2] Vgl. oben S. 43ff. Im Gegensatz zu den extremen Emanzipationsbestrebungen des weiblichen Geschlechtes behauptet Möbius in seiner Schrift: „Über den physiologischen Schwachsinn des Weibes" (7. Auflage, Halle 1905) eine geistige Inferiorität des Weibes und will daraus insbesondere auch für das Strafrecht Konsequenzen gezogen wissen An dieser Schrift dürfte schon der Titel zu beanstanden sein; denn unter Schwachsinn im populären Sinne (und die Schrift von Möbius ist eine populär-wissenschaftliche) versteht man einen patho-

Einfluß der Lehren Nietzsches

Man könnte den kranken Philosophen getrost *„der Tiefe seiner Begierden“* überlassen,

logischen Zustand. Der Schwachsinn, von dem Möbius spricht, wäre aber der bei dem Weib normale. Seine Auffassung widerspricht aber auch den Erfahrungen des praktischen Lebens. Wer Gelegenheit gehabt hat, die Entwickelung bäuerlicher Betriebe zu beobachten, der weiß, wie entscheidend es für das wirtschaftliche Gedeihen auf die Tüchtigkeit der Frau ankommt. Dasselbe zeigt sich in Arbeiterfamilien. Ist die Frau am rechten Platz, so kommt die Familie, wenn nicht besondere Unglücksfälle vorliegen, voran oder hält sich wenigstens über Wasser. Ist die Frau untüchtig, so tritt materielle Not und sittliche Verwahrlosung ein. Es ist in allen Fällen nicht die bloße Arbeitskraft der Frau, die ja auch durch eine fremde ersetzt werden könnte. Wo die Frau mankiert, da fehlt jene im Stillen wirkende, äußerlich wenig hervortretende, aber darum nicht minder bedeutungsvolle Kraft, die zu einer gedeihlichen Entwickelung menschlicher Gemeinschaft unentbehrlich ist. „Mann und Weib sind zwei verschiedene aber gleichwertige Organismen, jeder mit seinen eigentümlichen Vorzügen und Mängeln“ (Haeckel, Welträtsel, VIII. Aufl., S. 413). Ganz verkehrt und am Studiertisch entstanden ist das Verlangen (S. 85 a. a. O.), für das Weib ein milderes Strafmaß, ähnlich wie für Jugendliche, einzuführen. Für die Notwendigkeit dieser Forderung wird auf die sogenannten Warenhausdiebinnen hingewiesen! Allein der juristische Praktiker macht die Erfahrung, daß das Gefühl für Recht und Unrecht bei dem Weib keineswegs geringer entwickelt ist als bei dem Manne. Andererseits betätigen Betrügerinnen, Hehlerinnen, Kupplerinnen, Engelmacherinnen häufig ein derartiges Raffinement und zugleich eine so große verbrecherische Energie, daß eine grundsätzlich mildere Bestrafung als die größte Ungerechtigkeit empfunden würde.

wenn nicht gerade auf diesem Gebiete seine Lehren, von kritiklosen Lobrednern populär gemacht, zu den traurigsten und abscheulichsten Konsequenzen führen würden. Mir sind wiederholt Fälle bezeugt, in welchen eine tiefgehende Entfremdung zwischen Ehegatten auf den Einfluß der Lektüre Nietzsches zurückzuführen ist. Jeweils war es der Mann, welcher plötzlich in sich *„eine Tiefe des Gemüts“* entdeckte, von welcher er vorher keine Ahnung hatte und seine Frau nur in der Karrikatur wiedererkannte, welche Nietzsche von dem Weibe überhaupt gezeichnet hat. Die Folge war, daß der Mann sich Ausschweifungen außer dem Hause hingab oder ein Haustyrann wurde. In einem Falle ging der Mann unter ausdrücklicher Berufung auf Nietzsche zu körperlicher Mißhandlung der Frau über. Ihrer Natur nach entziehen sich ja solche Verhältnisse der Öffentlichkeit. In den Ehescheidungsprozessen treten uns nur die äußeren Tatsachen, die vollendeten Handlungen, entgegen, nicht die tieferen, oft weit zurückliegenden Ursachen, aus denen sie sich entwickeln. Sehr viel eheliches Unglück gelangt aber überhaupt nicht zur Kenntnis der Gerichte, ja nicht einmal zur Kenntnis der Gesellschaft, in welcher sich die Ehegatten bewegen. Wieviel langjähriges Martyrium erträgt eine aufopferungsfähige, willensstarke Frau im Interesse ihrer Kinder, denen sie das Elternhaus erhalten, denen sie nicht in der Stellung der Geschiedenen gegenübertreten will! –

Vorliebe der Frauen für Nietzsche

Es ist eine auffällige Erscheinung, daß Nietzsche trotz seiner beispiellosen Mißachtung des weiblichen Geschlechtes, trotz der Roheit und Verständnislosigkeit, mit welcher er über das eheliche Zusammenleben urteilt, gerade unter den Frauen so viele aufrichtige und enthusiastische Verehrerinnen findet. Ich selbst kenne eine Reihe geistvoller, in ihrem Lebensberuf durchaus tüchtiger Frauen und Mädchen, welche stolz darauf sind, „Nietzsche zu kennen und zu lieben." Allerdings findet man, sobald man dieser Vorliebe näher auf den Grund geht, in der Regel, daß diese Jüngerinnen Nietzsches ihn entweder nur aus den Vorträgen eines ästhetischen Schönredners kennen, oder daß sie höchstens seinen Zarathustra oder den beliebten Briefwechsel Nietzsches mit seinem Freunde Rohde gelesen haben, sich auch wohl an dem einen oder anderen anregenden Aphorismus erbaut haben. In die eigentlichen Grundanschauungen Nietzsches sind sie nicht eingedrungen. Es ist das Dichterische, das Ästhetische, das sie an Nietzsche bewundern, die „schöne Sprache," die sie fesselt. Dabei kommt bei Vielen ein lebhaftes persönliches Interesse für den „einsamen," kranken, unglücklichen Philosophen, der nach dem „unbedingt maßgebenden" Urteile seiner Schwester „der edelste, zartfühlendste Mensch" war, und so häufig „völlig verkannt wird!" Das etwa sind die echt weiblichen Reflexionen, mit welchen sich die meisten Nietzsche-Schwärmerinnen über manche „nicht zu leugnenden Exzentrizitäten" ihres Heros hinwegtrösten. Im übrigen gestatten sie den Lehren Nietzsches keinerlei Einfluß auf ihr persönliches Tun und Lassen, auf ihr Verhältnis zu Mann und Kind, oder auf die Ausübung ihrer beruflichen Tätigkeit. Höchstens, daß eine solche Nietzscheanerin etwas spöttisch das Näschen rümpft, wenn sie hört, daß die oder jene Bekannte oder Kollegin noch die Kirche besucht. Über solche Rückständigkeiten ist man natürlich, wenn man Nietzsche kennt, hinaus! Die Philosophie Nietzsches ist also hier relativ unschädlich. Es gibt aber auch andere, bei denen der „Geist des größten Philosophen" tieferen und nachhaltigeren Eindruck hinterlassen hat, ja die ganze Lebensauffassung beeinflußt. Von diesen – vom Überweib – im nächsten Abschnitt!

Vierter Abschnitt

Der Übermensch

Wie Nietzsche zur Übermenschenlehre kam

Daß Nietzsche zu dem Problem des Übermenschen gelangte, erscheint fast als eine logische Notwendigkeit. Wie bereits dargestellt, forderte schon der jugendliche Nietzsche eine „höhere Kultur“. Sie sollte durch die Kunstwerke Wagners erreicht werden (vgl. oben S. 32), oder es sollten besondere Erzieher zur Ausbildung von Genies herangebildet werden (vgl. oben S. 40). Als der Enthusiast Nietzsche anläßlich der Bayreuther Festspiele seine erste große Enttäuschung erlebt hatte, als er aus den Regionen der reinen Metaphysik und der Kunst sich der positiven Wissenschaft zuwandte (vgl. oben S. 8 ff.), da mußte er notwendig der Lehre eines Darwin und anderer von der natürlichen Zuchtwahl begegnen und damit einem neuen Wege zur Erreichung seines alten Ideals. Die höhere Kultur sollte durch Züchtung erreicht werden. Wie der Mensch sich aus der niederen Gattung entwickelt hatte, so konnte er vielleicht seine eigene Gattung zu einer höheren emporheben. Und dieses Ziel erschien Nietzsche um so eher erreichbar und um so sicherer, je weniger seine Urteilskraft durch wirkliche naturwissenschaftliche Studien geschärft war. Da er seinen Geist niemals an die exakte Forschung gewöhnt hatte, so war es ihm ein leichtes, sich über alle, jedem ernsten Denker notwendig entgegentretenden Einwände und Bedenken hinwegzusetzen und die bestehende Lücke in seinen Schlüssen durch poetische, aber wissenschaftlich völlig wertlose Phrasen auszufüllen.[1] Was erst zu beweisen war, das nimmt er als ein gegebenes an: *„Der Mensch ist ein Seil, geknüpft zwischen Tier und*

[1] Langes Geschichte des Materialismus hatte Nietzsche schon alsbald nach ihrem ersten Erscheinen (1865) und auch später gelesen. (Vgl. Briefe I, 48f., 96ff.) Über den Darwinismus selbst hat sich Nietzsche wiederholt sehr abfällig ausgesprochen: *„Was den berühmten Kampf ums Leben betrifft, so scheint er mir einstweilen mehr behauptet als bewiesen . . . Der Gesamtaspekt des Lebens ist nicht die Notlage, die Hungerlage, vielmehr der Reichtum . . . Darwin hat den Geist vergessen (— das ist englisch)!* (Werke VIII, 127.) *„Um den ganzen englischen Darwinismus herum haucht etwas wie englische Übervölkerungs-Stickluft, wie Kleiner-Leute-Geruch von Not und Enge. Aber man sollte als Naturforscher aus seinem menschlichen Winkel hervorkommen.“* (Werke V, 285, vgl. auch VII, 25). *„Daß die Gattungen einen Fortschritt vorstellen, ist die unvernünftigste Behauptung von der Welt: einstweilen stellen sie ein Niveau dar. Daß die höheren Organismen aus den niederen sich entwickelt hätten, ist durch keinen Fall bisher bezeugt.“* (Werke XV, S. 347.)

Übermensch.“[1] *„Nicht nur fort sollst du dich pflanzen, sondern hinauf. Einen höheren Leib sollst du schaffen, eine erste Bewegung, ein aus sich rollendes Rad – einen Schaffenden sollst du schaffen.“*[2] Daß die Menschheit seit den Zeiten Homers, vermutlich aber auch schon viel, viel länger, in ihrer Organisation ziemlich stabil geblieben ist,[3] das wird ebenso wenig beachtet als die naheliegende Frage, warum es denn seither niemals und nirgends gelungen ist, weder eine höhere Gattung noch auch nur ein einzelnes Individuum von höherer Art planmäßig zu erzeugen. An Stelle des von Nietzsche so roh verlästerten Glaubens an Gott tritt der Glaube an den Übermenschen. ***„Tot sind alle Götter, nun wollen wir, daß der Übermensch lebe,“***[4] und unter Nachahmung der Sprache der Bergpredigt verkündet Zarathustra die neue Offenbarung als tiefste menschliche Erkenntnis.

Begriff der Übermenschen nach der Auffassung Nietzsches

Was ist der Übermensch Nietzsches? Darauf kann keine einheitliche Antwort gegeben werden. Denn wie alles in dem Denken dieses Dichters und dem Dichten dieses Denkers widerspruchsvoll ist, so auch seine Vorstellung vom Übermenschen. In seinem bekanntesten Werk „Also sprach Zarathustra“, das recht eigentlich der Idee des Übermenschen gewidmet ist, bedeutet der Übermensch eine höhere Gattung von Mensch, ein voll-

[1] Werke VI, S. 16. [2] Werke VI, 102, 308. [3] Vgl. E. du Bois-Reymond: Die sieben Welträtsel. 9. Auflage. S. 90. [4] Werke VI, 115.

kommenerer Leib[1] mit vollkommenerer intellektueller Begabung, ein Fortschritt in der Entwickelung von Pflanze zum Tier, vom Tier zum Menschen. In direktem Gegensatz hierzu erklärt aber der spätere Nietzsche, der Verfasser des Antichrists:[2] *„Nicht was die Menschheit ablösen soll in der Reihenfolge der Wesen ist das Problem, das ich hiermit stelle (– der Mensch ist ein Ende –): sondern, welchen Typus Mensch man züchten soll, wollen soll, als den höherwertigeren, liebenswürdigeren, zukunftsgewisseren. Dieser höherwertigere Typus ist oft genug schon dagewesen: aber als ein Glücksfall, als eine Ausnahme, niemals als gewollt. Vielmehr ist er gerade am besten gefürchtet worden, er war beinahe das Furchtbare; — und aus der Furcht heraus wurde der umgekehrte Typus gewollt, gezüchtet, erreicht: das Haustier, das Herdentier, das kranke Tier Mensch, – der Christ . . .“*

Der Übermensch als höheres Gattungswesen

Was nun zunächst den Begriff des Übermenschen im Sinne einer höheren Gattung des Menschen betrifft, so ist weder die Vorstellung noch der Ausdruck an und für sich neu und originell. Schon Herder und Goethe haben sie gekannt und gebraucht. Menschenähnliche, aber übermenschliche, höhere Wesen hat sich die religiöse Anschauung und die dichterische Phantasie schon seit Jahrtausenden geschaffen. Speziell im Mythos der alten Griechen

[1] Werke VI, 102; vgl. auch Naumann; Zarathustra-Kommentar, Bd. I, S. 53. [2] Werke VIII, 218.

erscheint die Erhöhung der Menschheit zur obersten Stufe der Vollkommenheit in übermenschlichen Göttern und Halbgöttern.[1] Aber von solchen nur in der Phantasie oder der Vorstellung lebenden Übermenschen will Nietzsche nichts wissen. Er will Übermenschen aus Fleisch und Blut. *„Warum sollen wir nicht am Menschen zustande bringen, was die Chinesen am Baume zu machen verstehen – daß er auf einer Seite Rosen, auf der anderen Birnen trägt? Jene Naturprozesse der Züchtung des Menschen . . ., welche bis jetzt grenzenlos langsam und ungeschickt geübt wurden, könnten von den Menschen in die Hand genommen werden. . . . . . Es könnten ganze Teile der Erde sich dem bewußten Experimentieren weihen". . . . . „Es müssen Versuche auf Tausende von Jahren hin eingeleitet werden."*[2] Was ist von dieser Übermenschenlehre (dem Postulat der Erzielung eines höheren Gattungswesens) zu halten? Möbius[3] nennt sie „ein Phantasiespiel, das man ruhig bei Seite lassen könne". Wissenschaftlich ist sie ohne jeden Wert. Schon die Hypothese, auf der sie aufbaut, steht vollkommen in der Luft. Lange sagt:[4] „Wir können das Thema der Entwickelung des Menschengeschlechts nicht verlassen, ohne wenigstens zu zeigen, wie wenig das Dogma von dem stetigen

[1] Vgl. hierzu Herder: Ideen zur Geschichte und Kritik der Poesie und bildenden Künste, insbesondere Ziffer 19. [2] Werke XII, 190ff. [3] S. 117, 133. [4] Geschichte des Materialismus II, S. 327.

Fortschritt der Menschheit objektiv begründet ist . . . Wir sind weit entfernt, in dieser Beziehung irgend eine positive Ansicht hinzustellen, wozu niemand das Zeug haben kann." Nietzsche aber fühlte das Zeug dazu in sich. Er verlangt ohne irgend welche logischen oder wissenschaftlichen Bedenken von der lebenden Generation, daß sie sich der Erzeugung einer höheren Wesensart hingebe. Über das „wie" macht er sich keine Skrupel. Wenn jemand ein Buch darüber schriebe, daß es bei der Unvollkommenheit und Niederträchtigkeit aller menschlichen Verkehrsmittel (Eisenbahnen, Automobile, Flugmaschinen) für die weitere Entwickelung des Menschengeschlechts unbedingt notwendig sei, sich natürliche Flügel anwachsen zu lassen,[1] und daß ganze Teile der Erde, ganze Generationen sich der Lösung dieses Problems hingeben müßten, so würde man einen solchen Schriftsteller wohl mit Fug und Recht für verrückt halten. Keine andere Wertung verdient die Idee Nietzsches von der Notwendigkeit der planmäßigen Erzeugung von über die menschliche Gattung hinausragenden Übermenschen.

Der Übermensch innerhalb der Gattung als Genie

Mehr auf dem Boden des realen Lebens steht die Übermenschenlehre, wenn der Übermensch nur im Sinne eines besonders veranlagten, aber nicht aus der Gattung heraustretenden Individuums verstanden wird. Dann lautet das

[1] Ich wähle dieses Beispiel, weil sich Nietzsche sehr viel mit dem Flugprojekt beschäftigte (vgl. Naumann a. a. O. I, S. 151, Fußnote).

Postulat einfach dahin, daß der Einzelne bestrebt sein soll, eine möglichst vollkommene und begabte Nachkommenschaft zu erzielen. *„Dazu helfe dir der Garten der Ehe."*[1] Von dem Garten der Ehe, nach welchem Nietzsche, wie so mancher alternde Junggeselle mit etwas Sehnsucht zu schielen scheint, erwartet er die planmäßige Hervorbringung des Genies, und geheimnisvoll rät der weise Zarathustra: Vorsicht bei Eingehung der Ehe![2]

Das Postulat der Veredelung durch Vererbung nicht neu

Nietzsche selbst gab sich den Anschein, als ob er mit dieser Lehre der Welt eine neue und wunderbare Offenbarung geschenkt hätte! Sein Zarathustra tritt auf wie ein Moses oder ein Messias. Die Verehrer Nietzsches vermeinen, daß die Übermenschenlehre „der Menschheit neue, erhabenere Ziele gesteckt," daß sie „neue Gütertafeln aufgestellt habe," welche einen vollwertigen Ersatz bieten für die abgestorbene Religion und für den prekären Glauben an ein Jenseits. Auf den letzteren Gesichtspunkt ist hier nicht einzugehen. Wohl aber muß auf das entschiedenste bestritten werden, daß Nietzsche mit dem Gedanken, der planmäßigen Erzielung von geistig veredelten Menschen irgend etwas neues gesagt habe. Schon in den ersten Jahrzehnten des vorigen Jahrhunderts haben Gall (1758 bis 1828) und Spurzheim (1776 bis 1832) das Problem aufgestellt, ob es nicht möglich sei, durch entsprechende Paarung talentvolle Menschen hervorzubringen, etwa unter Anwendung ähnlicher

[1] Werke VI, 102, 308. [2] Werke VI, 102ff., 308.

Mittel, wie man sie zur Züchtung von Tierrassen gebraucht. In den vierziger Jahren, zu einer Zeit, da Nietzsche noch in seinen Windeln trocken gelegt wurde, hat der französische Gelehrte Lucas sein zweibändiges Werk „Traité philosophique et physiologique de l'hérédité naturelle dans les états de santé et de maladie du système nerveux" geschrieben, das einer Reihe französischer Gelehrten zu weiteren Forschungen auf diesem Gebiete Anlaß gab. Besonders aber hat Darwin in der zweiten Hälfte des vorigen Jahrhunderts in seinen epochemachenden Werken[1] nicht nur selbst eine Fülle scharfsinniger Beobachtungen geboten, sondern auch die wissenschaftlichen Studien über die Vererbung in außerordentlichem Maße angeregt und befruchtet. Seitdem wird der Kampf um die Erkenntnis der Gesetze der Vererbung in der medizinischen Welt mit allen Hilfsmitteln exakter Forschung unermüdlich und mit bewundernswerter Gründlichkeit weitergeführt. Daß Nietzsche diese wissenschaftlichen Bestrebungen bekannt waren, ist bereits oben hervorgehoben. Beachtenswert ist in dieser Beziehung ein Aphorismus aus der Zeit vor Abfassung des Zarathustra: *„Kein Nachdenken ist so wichtig, wie das über die Erblichkeit der Eigen-*

[1] On the origin of species by means of natural selection or the preservation of favoured races in the struggle of life erschien 1859; Variation of animals and plants under domestication im Jahre 1868; The descent of man, and on selection in relation to sex im Jahre 1871; Expression of the emotions in man and animals im Jahre 1872.

schaften.“[1] Aber Nietzsche ist niemals in die Ergebnisse der wissenschaftlichen Forschung tiefer eingedrungen. Ob ihm dies nicht trotz seines leidenden Zustandes wenigstens in gewissem Maße möglich gewesen wäre, muß fraglich erscheinen.[2] Man sollte meinen, daß er, wenn er die Kraft zu umfangreichen, literarischen Produkten fand, doch auch imstande gewesen wäre, sich wenigstens einige Kenntnisse auf dem von ihm so überaus wichtig erachteten Gebiete zu erwerben. Es war allerdings bequemer, sich die Gedanken anderer (vgl. unten S. 91) anzueignen, und sie

[1] Werke XI, 131.

[2] Nietzsche selbst empfand den Mangel seiner naturwissenschaftlichen Kenntnisse. Er faßte daher anfangs der achtziger Jahre den Plan – Richter (Vorträge, S. 56) spricht von einem „heroischen Entschluß“ — sich zehn Jahre lang (!) nur dem Studium der Naturwissenschaften zu widmen, gab ihn aber alsbald wieder auf, ohne seiner Ausführung irgendwie näher getreten zu sein. Ziegler sagt (S. 103): „er wollte gemeinsam mit Paul Rée in Paris Naturwissenschaften studieren. Paul Rée hat den Plan ausgeführt und ist Arzt geworden. Nietzsche wurde durch seinen leidenden Zustand verhindert . . . und als es ihm wieder besser ging, da kam ganz ungestüm der Drang zu produzieren, statt zu lernen, über ihn; zum Studieren war jetzt keine Zeit mehr; und so hat er es über recht oberflächliche und ungenügende naturwissenschaftliche Kenntnisse niemals hinausgebracht.“ Der eben erwähnte heroische Entschluß hat aber Nietzsche nicht abgehalten, die Wissenschaft und ihre Vertreter in der Rede Zarathustras „Von den Gelehrten“ (Werke VI, 183) zu verlästern und lächerlich zu machen; er wandelt *„über ihren Köpfen.“*

als geheimnisvolle Offenbarung dem Phantasiegebilde des Zarathustra in den Mund zu legen. Nur unerhörte Anmaßung oder wirklicher Größenwahn konnte Nietzsche zu der Annahme bestimmen, daß er es sei, der der Welt hier eine neue Weisheit biete und ihr eine neue Aufgabe stelle. Für die wissenschaftliche Erkenntnis auf diesem Gebiete hat Nietzsche nicht das Geringste geleistet. Alles, was er bewirkt hat, ist, daß er ein ernstes und schwieriges wissenschaftliches Problem durch seine phantastische Dichtung *„verpöbelt"* hat. Welchen Schaden er damit in einer Menge unreifer, ungebildeter, überspannter, urteilsloser Köpfe angerichtet hat, darüber ist sofort unten noch ein Wort zu sagen.

Populärwissenschaftliche Behandlung des Problems

„Vorsicht bei Eingehung der Ehe!" Ob man der heutigen Generation, ob man insbesondere den „Höherstehenden", von welchen die Nietzscheaner immer dann reden, wenn sie sich selbst darunter verstanden wissen wollen, eine solche Vorsicht noch besonders anzuempfehlen braucht, mag hier dahingestellt bleiben. Nur eine höchst naive und unwissenschaftliche Vorstellung kann aus den bisherigen Ergebnissen der exakten Forschung die Folgerung ziehen, daß ein Mann etwa dem Mädchen seiner Wahl anmerken könne, ob er mit ihm geniale Kinder erzielen werde. Aber „für den Hausgebrauch" reicht diese Vorstellung immerhin aus, und „für den Hausgebrauch" war sie auch schon lebhaft empfohlen, ehe Nietzsche seinen Zara-

thustra konzipiert hatte. So schreibt schon Bock in seinem „Buch vom gesunden und kranken Menschen“, — ein Buch, das schwerlich auf wissenschaftliche Autorität Anspruch machen wird, aber in weiten Volkskreisen, besonders bei den Lesern der „Gartenlaube,“ sehr verbreitet ist — in den Auflagen der siebziger Jahre, folgendes: „Zur Veredelung des Menschengeschlechtes in physischer und psychischer Hinsicht kann die Ehe (geschlechtliche Zuchtwahl) dann dienen, wenn sie mit Rücksicht auf die Vererbung geschlossen wird. Die veredeltste Form der Geschlechtswahl ist die psychische Auslese (Haeckel), bei welcher die geistigen Vorzüge des einen Geschlechts bestimmend auf die Wahl des anderen einwirken. Deshalb muß der Mann sich bei der Wahl seiner Lebensgefährtin von den geistigen Vorzügen derselben leiten lassen, um dieselben auf seine Nachkommenschaft vererben zu können. Ebenso ist Rücksicht auf den Gesundheitszustand der zu wählenden Persönlichkeit und denjenigen ihrer Familie zu nehmen, da sich bekanntlich gewisse Krankheiten (Irrsinn, Kretinismus, Tuberkulose, Gicht, Blutkrankheit, Epilepsie, Syphilis u. s. w.) und Mißbildungen (Überzahl der Finger und Zehen, Taubstummheit und Augenleiden) häufig (nicht stets) vererben . . . Aus diesen Tatsachen folgert sich für den denkenden Menschen die Pflicht, bei dem Eingehen einer Ehe die Vernunft zur Beraterin zu wählen, unter Umständen derselben seine

Neigungen und Wünsche zum Opfer zu bringen."[1] Aber was lesen wir denn hier? Da ist ja die ganze Quintessenz der Zarathustra-Weisheit mit einfachen, schlichten und klaren Worten ausgesprochen! Selbst der „bittere Kelch"[2] der Entsagung fehlt nicht! Sollte Nietzsche seine naturwissenschaftlichen Kenntnisse, sollte er seine ganze vielbewunderte und hochgepriesene Übermenschenlehre aus Bock geschöpft haben? Vielleicht werden wir in der „Zukunft" belehrt, daß Nietzsche Bocks Buch nie gesehen hat. Jedenfalls bleibt die Tatsache bestehen, daß der überhaupt diskutable Kern der ganzen Übermenschenlehre nichts anderes als ein „in poetische Prosa übersetzter Bock" ist.

Die sogenannte sexuelle Ethik

Die physiologischen Gesetze der Fortpflanzung und Vererbung sind, wie schon erwähnt, besonders im abgelaufenen Jahrhundert, unausgesetzt ernster fachwissenschaftlicher Forschung unterworfen worden. Es würde über die Aufgabe dieser Schrift hinausgehen und einem Laien in medizinischen Dingen nicht anstehen, auf die sehr zahlreichen Theorien und Ansichten einzugehen, welche über dieses Problem in der medizinischen Wissenschaft bestehen. Doch sei hier eine speziell auf die „Vererbung des Genies" bezügliche Stelle aus dem Werke von Ribot[3] angeführt, die dieser Autor seinerseits einer Ar-

[1] Bock a. a. O., 12. Aufl., S. 960ff. [2] Werke VI, 104.
[3] Vgl. Th. Ribot: Die Vererbung, übersetzt von Dr. Hans Kurella (Leipzig bei Georg H. Wigand), S. 245.

beit von Lorain „Aperçu général de l'hérédité et de ses lois" entnommen hat. „Nehmen wir dieses Wort (Genie) in dem Sinne einer sehr ausgesprochenen intellektuellen oder praktischen Überlegenheit. Es ist leicht, zu zeigen, daß es nur selten vererbt werden kann. Analysiert man diese intellektuelle Überlegenheit, so wird man sehen, daß sie ein sehr vielfältig zusammengesetztes Gebilde ist, daß sie auf einem sehr labilen Gleichgewicht der niedrigsten und der höchsten Eigenschaften des Gehirns beruht, von denen jede einzelne so unentbehrlich ist wie das kleinste Rädchen in einer sehr komplizierten und zarten Maschinerie. Gewisse Eigenschaften, wie die Aufmerksamkeit, das Gedächtnis, die Ausdauer sind die Grundlage der geistigen Entwickelung; gewisse Instinkte, wie der Ehrgeiz, die Güte, der Egoismus, die Wißbegierde setzen jene in Bewegung. Man denke sich Julius Cäsar mit einem weniger intensiven Ehrgeiz (seinem herrschenden Instinkte), und man denke sich Newton ohne seine Fähigkeit konzentrierter Aufmerksamkeit; jener würde vielleicht sein Leben als Genußmensch geführt haben, dieser niemals zu seinen mächtigen Abstraktionen gelangt sein. In den unzähligen Kombinationen der Vererbung infolge von Rassen-, Familien- und individueller Kreuzung, in dieser ungeheuren Geburtenlotterie findet sich alle Jahrhunderte nur vier- oder fünfmal jenes wundervolle Gleichgewicht, welches für das Gehirn bedeutet, was die Schönheit für die Körperform ist, d. h. eine Harmonie zwischen hundert verschiedenen Teilen, welche eine einzige Disproportion stören kann, und dabei wundert man sich noch, daß das Genie nicht öfter vererbt wird!“

Aber wenn es auch wirklich im einzelnen Falle gelungen wäre, einen virtuell mit den Gaben eines Genies ausgestatteten Menschen zu erzielen, ist damit schon das Genie gewonnen? Muß nicht das äußere Leben, müssen nicht Verhältnisse und Schicksale hinzutreten, daß das Genie seine Kräfte aktuell entfalten, entwickeln und zur Geltung bringen kann? Wäre Moltke ein militärisches Genie geworden, wenn er in einer Periode des Friedens sein Leben notgedrungen als Landwirt oder Beamter hätte hinbringen müssen? Wie manches hochbedeutende künstlerische oder musikalische Genie mag in der Brust eines Fabrikarbeiters schlummern, dessen Erweckung und Ausbildung Krankheit, Not oder sonstige widrige Verhältnisse vereitelten. Die ganze sogenannte „sexuelle Ethik“ der Nietzscheaner erweist sich, von welcher Seite man sie auch betrachte, als ein naiver, tölpelhafter Versuch, der Natur oder der Vorsehung ins Handwerk zu pfuschen.

Wissenschaftliche Bewunderer der Übermenschenlehre

Schwer verständlich und fast betrübend ist es, zu beobachten, mit welcher Urteils- und Kritiklosigkeit wissenschaftlich gebildete, geistvolle Männer die Übermenschenlehre Nietzsches bewundern, anstaunen und sie als eine große Errungenschaft für die Menschheit, als eine neue Offenbarung anerkennen. Die praktischen Resultate, zu denen sie bei ihren Betrachtungen gelangen, sind allerdings geradezu kläglich. So schreibt Richter,[1] mit dem Gedanken der künstlichen Züchtung wertvoller Eigenschaften habe man freilich erst auf dem Gebiet der Physis praktischen Ernst zu machen begonnen. Er beruft sich dafür auf die Eheverbote, die in einigen Staaten Amerikas für gewisse Kranke bestehen. Daß diese sanitätspolizeilichen Vorschriften, die dem Einflusse der medizinischen Wissenschaft zu verdanken sind,[2] von der „Züchtung wertvoller Eigenschaften“ noch sehr weit entfernt sind, erkennt auch Richter; er fährt daher fort: „Eine allgemeine Ausdehnung auf die seelischen Qualitäten würde sich allerdings für absehbare Zeit noch an unüberwindlichen Schwierigkeiten stoßen, weil einmal ihre biologischc Bedeutung noch nicht festgestellt ist, und zweitens die gesetzliche Regelung ihrer Kreuzungen noch in das Reich der Utopie gehört. Daß dagegen die ‚höherstehenden‘ Individuen freiwillig beim Eingehen der Ehe immer auch an die zukünftige Genera-

[1] Vorträge, S. 266.

[2] Es handelt sich um prophylaktische, hygienische Maßregeln im Interesse der Allgemeinheit. Schon im Pentateuch aber und dann wieder im Mittelalter begegnen wir gesetzlichen Vorschriften zur Bekämpfung des Aussatzes, der seinerzeit wegen seiner großen Verbreitung eine ähnliche Rolle spielte, wie heutzutage Phthisis oder Syphilis.

tion denken (!) sollen, ob ihr dieser Bund günstig ist – diese Anschauung gehört bereits nicht mehr den Träumen über die Zukunft, sondern den Kräften der Gegenwart an.“ Außerordentlich bescheiden! Ich meine, für diese Weisheit brauchte man doch nicht erst einen Nietzsche. Sie ist so alt, als es überhaupt verständige Menschen gibt. Bekannt sind die Gesetze Lykurgs zur Erhaltung einer kriegstüchtigen Nachkommenschaft. Bekannt ist ein hierher gehöriger angeblicher Ausspruch Bismarcks, der nach Nietzsches Urteil doch von Philosophie *„so wenig verstand wie ein Bauer oder ein Korpsstudent“*.[1] Recht wohlfeil ist auch der Trost, den Naumann[2] in seinem Zarathustra-Kommentar bietet: „Es wäre ja überhaupt gegen alle Erfahrung, die uns die Geschichte menschlicher Entwicklung gezeitigt hat, wenn derselbe Heros, der als erster unser nächstes Ziel erkannte (!), auch schon über die möglichen Wege dafür Klarheit und Gewißheit hätte bringen sollen. Fast stets geht der Erfinder dem Entdecker, der Schmied des Werkzeuges demjenigen, welcher es einst braucht und größtes damit wirkt, um Jahrhunderte voraus.“[3] Daß die Idee des Übermenschen nicht neu ist, wurde bereits dar-

[1] Werke XIII, 347, 351. [2] Zarathustra-Kommentar I, S. 219.

[3] Über den offenbar ganz mißverstandenen Gegensatz: Erfinder und Entdecker (vgl. Kohler: Handbuch des Patentrechts, S. 89ff) soll hier nicht gerechtet werden.

gelegt. Aber auch wenn sie es wäre, so hätte Nietzsche noch lange keinen Anspruch auf den Ruhm eines Erfinders oder Entdeckers. Ideen – brauchbare und unbrauchbare, gesunde und kranke, vernünftige und verrückte — haben manche Leute. Aber der erst ist der Erfinder oder Entdecker, der erst schafft neue Werte, der eine brauchbare Idee ihrer Verwirklichung zuführt oder etwas bisher unbekanntes der Wirklichkeit erobert. Was für eine „Erfindung“ Nietzsche gemacht, was für ein „Werkzeug“ er geschmiedet haben soll, ist schlechterdings nicht verständlich. Auch Tille erblickt, ähnlich wie Richter, das Kriterion der neuen Weltanschauung im Gegensatze zur alten darin, daß man früher gegen die Ehe eines Schwindsüchtigen nichts einzuwenden hatte, während man sie jetzt für etwas Unsittliches halte.[1] Tille zitiert dann Nietzsche selbst (aus „Also sprach Zarathustra“): *„Über euch hinaus sollt ihr einst lieben. So lernt erst lieben! Und darum mußtet ihr den bitteren Kelch eurer Liebe trinken. Bitternis ist im Kelch auch der besten Liebe: so macht sie Sehnsucht zum Übermenschen, so macht sie Durst dir, dem Schaffenden! Durst dem Schaffenden, Pfeil und Sehnsucht dem Übermenschen: sprich, mein Bruder, ist das dein Wille zur Ehe? Heilig heißt mir solch' ein Wille und solche Ehe.“* Begeistert ruft Tille aus: „Steht solch ein Abschnitt über die Ehe in der christlichen Bibel?“ Nein,

[1] Tille: Von Darwin bis Nietzsche (Leipzig 1903).

Solches überspannte Zeug findet sich in der Bibel nicht! In der Bibel freut sich „die Unfruchtbare, wenn sie eine fröhliche Kindermutter wird"; es freut sich der Vater, wenn ihm „Kinder heranblühen wie die Ölzweige um seinen Tisch herum", wenn ihm „die jungen Knaben geraten wie die Pfeile in der Hand des Starken". Die leidenschaftliche Sehnsucht aber, „über sich hinaus" zu zeugen, konnte nur einem Mann kommen, der selbst nie Kinder gehabt hat und für das ihm versagte naturgemäße Familienleben Ersatz suchte und fand in Vorstellungen krankhafter, unnatürlicher, „übermenschlicher" Art.[1]

Wirkung der Übermenschenlehre auf die Jugend

„Leicht beieinander wohnen die Gedanken, doch hart im Raume stoßen sich die Sachen." Betrachten wir, was die Übermenschenlehre im praktischen Leben für Wirkungen äußert. Von wem werden die Schriften Nietzsches am eifrigsten gelesen? In welchen Kreisen findet er vorzugsweise seine enthusiastischen Bewunderer und begeisterten Verehrer? Es sind die Primaner unserer höheren Lehranstalten, welche vormittags noch die Schulbank drücken, in den Freistunden aber für das unbekannte Land ihrer goldenen Zukunft schwärmen. Es sind junge Kaufleute, welche tagsüber Mühe haben, einen verständlichen kaufmännischen Brief zu schreiben oder ihre Bücher korrekt einzutragen, dafür aber am Abend sich durch die Lektüre von

[1] Nicht mit Unrecht bezeichnet Drews, S. 347, die Philosophie Nietzsches in diesem Zusammenhang als eine „Philosophie der Impotenz".

„Also sprach Zarathustra“ entschädigen. Es sind junge Schauspieler oder Kunstschüler, die das Bedürfnis empfinden, sich ästhetisch anregen zu lassen, es dabei aber gerne vermeiden, durch ein ernsteres Studium ihren Geist anzustrengen. Jedenfalls erscheinen solche Leser, wie sympathisch man ihnen auch im übrigen gegenüber stehen mag, am allerwenigsten vereigenschaftet, kritisch und selbständig zu denken und Spreu und Weizen zu sondern. Diese modernen Zukunftsmenschen, welche alle mehr oder weniger unter dem Einfluß „des ersten Safttriebs der Jugend“ stehen, empfinden sehr große Neigung, „den Übermenschen zu erzeugen“. An ihrer Befähigung dazu zweifeln sie keinen Augenblick. Häufig bleiben solche unreifen Köpfe aber nicht dabei, von einer noch fernen Zukunft die Verwirklichung der Ideale Nietzsches zu erwarten, sondern sie betrachten sich selbst und finden, daß sie schon „außerordentlich viel Übermenschliches“ an sich haben. Wer kann sie widerlegen? Wer kann ihnen beweisen, daß sie keine Genies sind? Vielleicht sind sie es wirklich! Die aristokratische Idee Nietzsches, welchem eine Auslese weniger Auserwählter vorschwebte, wird völlig demokratisiert. Die Vervollkommnung und Veredelung der künftigen Generation wird mit solchen Utopien nicht erreicht,[1] wohl aber tritt bei einer großen Menge schwach oder mittelmäßig Begabter eine sichtliche

[1] Treffend bemerkt Riehl: „Der einzige Weg, den Typus des Menschen zu erhöhen, ist die Hebung des Niveaus der Menschen, der Menge. Je höher das Posta-

Verschlechterung ihrer Individualität ein. Charakteristisch ist die Art und Weise, wie viele dieser jugendlichen Nietzscheaner ihr Übermenschentum betätigen. Am meisten scheint ihnen daran gelegen, nicht als *„Verächter des Leibes“*[1] zu gelten. Sie feiern den Tag mit Faulenzen, weil Arbeit eine Sache der Sklaven und der Herrennatur unwürdig ist.[2] Um so fleißiger besuchen sie Nachtcafés und Vergnügungslokale. Genußsucht, Schlemmerei, rücksichtsloses, herrisches Auftreten, Gefühlsroheit und Mitleidlosigkeit wird von ihnen geradezu als Sport gepflegt, und mancher Hausvater, manche bekümmerte Witwe kann ein Lied davon singen, wie ihre eben erwachsenen Söhne „praktische Nietzsche-Philiosophie“ treiben. Aber nicht nur die Jugend, auch gereifte Männer glauben die Übermenschentheorie mit Erfolg auf sich anwenden zu können. Die große Schar derer, welche im Leben Schiffbruch gelitten haben und die Ursache ihres Unglückes überall anders, nur nicht in sich selbst suchen, namentlich unvollkommene Talente, Künstler, Literaten, Privatgelehrte machen die herrschende *„Sklavenmoral“* dafür verantwortlich, daß sie nicht durchgedrungen, daß ihre Art und

Wirkung auf verkommene Existenzen

ment gehoben wird, um so höher erhebt sich auch die das Postament überragende Säule. Aber auch der höchste Einzelne bleibt Mensch. Er wird nicht den Dünkel hegen, etwas Übermenschliches ‚Der Übermensch‘ zu sein — und je größer er ist, um so weniger“ (S. 169). [1] Werke VI, 46. [2] Werke IX, 149.

ihre Verdienste nicht anerkannt wurden. Sie trösten sich in dem Bewußtsein, „zu viel Übermensch" zu sein, um in einer Welt, in welcher die *„Herdeninstinkte"* herrschen, zur Geltung zu kommen. Diesen wohlfeilen Trost könnte man ihnen ja gönnen, und wohl ihnen, wenn sie sich damit begnügen! Aber häufig genug ziehen sie sehr bedenkliche Konsequenzen aus Nietzsches Lehren. Sie glauben sich erhaben über die landläufige Moral und die herrschende Rechtsauffassung. Sie glauben sich *„jenseits von Gut und Böse"* stellen zu können, nicht nur in der Theorie, sondern auch im praktischen Leben.[1]

Das Überweib

Vollends das Überweib! Wer jemals Gelegenheit gehabt hat, diese Spezies näher kennen zu lernen, dem wird sie unvergessen sein. Während Nietzsche sich das Weib in einem sklavenähnlichen Abhängigkeitsverhältnis zum Manne wünscht und vorstellt (vgl. oben S. 73 fg.), glaubt gerade das emanzipierte Weib der Gegenwart sich auf Nietzsche berufen zu können. Sie reklamiert seine *„Herrenmoral"* für sich; seine *„Übermenschenlehre"* bildet ihre Religion. Die Philosophie Nietzsches fordert hier nicht nur das Opfer des Intellekts, sondern auch des natürlichen Taktgefühls und der Weiblichkeit, mitunter selbst des Anstandes. Hatte sich eine solche Nietzscheanerin früher einen häuslichen Wirkungskreis geschaffen, oder hatte sie die schönen Künste gepflegt oder

[1] Über die Auffassung Nietzsches von Moral und Strafrecht vgl. den folgenden Abschnitt.

in einem ernsten Lebensberufe ihre Kräfte und Anlagen verwertet, jetzt hat sie dafür nur noch *„das Gefühl des großen Ekels“;* sie empfindet bei der bloßen Erinnerung daran *„Ekel über Ekel“*. Seit sie von Nietzsches Geist ergriffen ist, glaubt sie eine „höherstehende“ zu sein. Schon das Wort „Nietzsche“ auszusprechen, ist ihr eine innere Erhebung. Sie hat sich den pathetischen Gang einer Tragödin angeeignet, um den *„tragischen Menschen“* zu markieren. Ihre Umgebung, von der sie nicht verstanden wird und als Auserlesene auch nicht verstanden sein will, haßt sie, sieht auf sie herab. Sie übt sich darin, andere zu beherrschen und für sich auszubeuten, weil dies das höchste Ziel und Zeichen der Herrennatur ist. Mit Vorliebe beschäftigt sie sich mit der sexuellen Frage.[1] Und wenn sie, erschöpft

[1] Vgl. hierzu Drews, S. 347, Fußnote 1.

Wie sehr die Modephilosophie (vgl. oben S. 3) auf diesem Gebiete ansteckend wirkt, wie macht- und kritiklos man ihr selbst in feingebildeten Kreisen gegenübersteht, beweist der Inhalt einer Resolution der 23. Generalversammlung des Allgemeinen deutschen Frauenvereins zu Halle 1905. Nach einem Vortrag über die Mitarbeit der Frauenbewegung „an der sexuellen Ethik“ wurde neben einigen recht verständigen Postulaten als These Ia vorgeschlagen und einstimmig angenommen: Unterstellung „physischer Bedürfnisse unter das Gesetz der Höherentwickelung der Kultur“ (vgl. „Neue Bahnen“, Organ des Allgemeinen deutschen Frauenvereins, Bd. XXXX, S. 166). Der Geist Nietzsches schien über der Versammlung zu schweben. Aber so — geschmacklos hätte sich Nietzsche niemals ausgedrückt!

vom Nachdenken über die tiefsten philosophischen Probleme, beispielsweise über die Vererbung ihrer hervorragenden Eigenschaften, des Nachts auf ihr Lager sinkt, dann seufzt sie wohl mit den Worten des „größten Philosophen": *„Ach! möchte ich den Übermenschen gebären!"*[1] Wer aber je das Mißgeschick hat, aus gesellschaftlichen oder anderen Rücksichten einige Stunden im Gespräche mit einem solchen Überweibe ausharren zu müssen, den grenzenlosen geistigen Hochmut, die unglaubliche Verschrobenheit aller Ansichten und Urteile auf sich wirken zu lassen, der atmet wie erlöst auf, wenn er solcher Marter entronnen ist. Ein salonfähiger Ausdruck fehlt für die heillose Begriffsverwirrung und Gefühlsverirrung, welche hier die Philosophie Nietzsches angerichtet hat.

Das Überkind

Und nun noch einige Worte vom „Überkind", *„dem Menschen der Zukunft," „Pfeil und Sehnsucht des Übermenschen".* Es wandelt bereits mitten unter uns! Zwar der „bitterböse Friedrich", den wir alle aus Hoffmanns Struwwelpeter in glücklicher Erinnerung tragen, stirbt nicht aus. Er kehrt vielmehr naturgemäß in immer neuen, reizvolleren Variationen wieder. Der ungeratene Bengel bringt seine Lehrer und Erzieher zur Verzweiflung. Aber wohl ihm, daß er eine Mutter besitzt, die sich an Nietzsche gebildet hat! Seit sie im letzten Winter die Vorträge über Nietzsche gehört hat, seit sie „Also sprach Zarathustra" und den „wundervollen" Briefwechsel zwischen Nietzsche und seinem

[1] Werke VI, 96.

Freund Rhode gelesen hat, seit dieser Zeit ist es ihr wie Schuppen von den Augen gefallen! Sie hat eine ganz neue Erkenntnis der Individualität ihres Sohnes gewonnen. In ihm offenbaren sich alle jene großen Züge und Eigenschaften, welche dem Ideale Nietzsches entsprechen. Er zeigt mit unverkennbarer Energie den „*Willen zur Macht*", die „*Bejahung des Lebens;*" er ist ein „*Herrenmensch*", eine „*Herrschernatur*", die „*gesündeste blonde Bestie, die noch versprechen kann,*" ein süßer kleiner „*Raubmensch*", frei von allen „*Herdeninstinkten*" und aller „*Sklavenmoral*". Er wird sich dereinst zum „*Übermenschen*" entwickeln!

Nietzsches Philosophie und die Halbwelt

Und noch auf ein anderes Milieu müssen wir einen kurzen Blick richten, um die Wirkungen der Übermenschenlehre im heutigen Leben vollkommen zu übersehen: es ist die Welt der Demimonde und sonstiger Anhängerinnen der freien Liebe. Wie mir mitgeteilt wird, bildet die Philosophie Nietzsches in den Chambres separées eine unerschöpfliche, nie versiegende Quelle geist- und witzsprudelnder Unterhaltung. Hier, wo keine „*Verächter des Leibes*" wohnen, ist Nietzsche und ist seine Übermenschenlehre im vollen Sinne des Wortes populär; hier ist sie „nicht mit Gold zu bezahlen"!

Gewiß wäre es unrecht, den unglücklichen Philosophen für solche Erscheinungen direkt verantwortlich zu machen. Gewiß hätte er selbst bei ihrer Erkenntnis „*Ekel über Ekel*" empfunden.

Aber wo ein Aas ist, da sammeln sich die Adler! Es ist das Ungesunde in den Schriften des *„moralinfreien“*[1] Professors, das überall da willkommene Aufnahme und Verbreitung findet, wo Mangel an Urteilskraft oder sittliche Fäulnis ihm den Nährboden bereiten.

[1] Werke XV, 354.

Fünfter Abschnitt

Nietzsches Philosophie und das Verbrechen

Nietzsches Interesse für das Problem des Verbrechens

Die Behandlung des Übermenschen ist, rein äußerlich betrachtet, über die Aufgabe dieser Schrift hinausgegangen. Sie erschien gleichwohl zur Erklärung und zum Verständnis des jetzt zu behandelnden Gegenstandes unentbehrlich. Denn die Ansichten Nietzsches über das Verbrechen und seine schließliche Verherrlichung des Verbrechers sind nur unter dem Gesichtspunkt erklärlich und einigermaßen verzeihlich, daß dem von Menschen- und Lebenskenntnis so weit entfernten Denker unausgesetzt das Problem der Erhöhung des Typus Mensch, sei es als Genie, sei es als höheres Gattungswesen, vorschwebte. Diesen höheren Menschen dachte er sich aber aus den Grenzen der heutigen Gesellschaftsordnung herausgehoben und *„jenseits von Gut und Böse."*

Nietzsche beschäftigt sich in der zweiten und dritten Periode seiner literarischen Tätigkeit mit einer gewissen Vorliebe mit dem Verbrechen. Die Grundstimmung, von der aus dies geschieht, ist immer die gleiche. Aber auch hier lassen sich die einzelnen Perioden seiner Auffassung nach dem Maße seiner geistigen Gesundheit deutlich unterscheiden. Überall haben wir es mit den Geistesprodukten eines einsam philosophierenden und dichtenden Denkers zu tun, dem seine rein theoretische und platonische Sympathie für die Verbrecher um so leichter fallen mochte, je weniger er mit ihnen in Berührung gekommen ist. Nietzsche hat wohl nie einen Verbrecher gesehen, ist jedenfalls nie in persönliche Beziehung zu einem solchen, sei es als Verletzter, sei es als Ankläger, Richter, Verteidiger, sei es als Schicksalsgefährte, getreten. Vielmehr kennt er die Verbrecher nur aus Romanen und Reiseberichten. Er konnte daher getrost sagen: *„Der reiche Heilige lebt unter Verbrechern, wie in seinem Elemente."*[1] Den praktischen Versuch hat er nie gemacht.

Auffassung der Kriminalisten; Strafrechtstheorien

Die Erklärung des Verbrechens, seine Vergeltung und Sühne, seine Verhütung und Vorbeugung und damit die Frage nach Berechtigung, Grund und Zweck der richterlichen Strafe gehören zu den tiefsten und schwierigsten Problemen, welche den menschlichen Geist beschäftigen können. Der junge Jurist, der auf der Universität Strafrecht hört, wird in den Kampf der Schulmeinungen, der sogenannten Strafrechtstheorien, eingeführt, und wenn er hiervon auch im späteren Leben

[1] Werke XIII, 184.

bei Anwendung des geltenden Rechtes nur wenig Gebrauch machen kann, so ist es doch unerläßlich, gegenüber den Einzelerscheinungen des praktischen Dienstes ihm prinzipielle Gesichtspunkte zu bieten. Von besonderer Bedeutung ist die Erkenntnis von Verbrechen und Strafe und dem Verhältnis beider zueinander für den Gesetzgeber. Gerade in unserer Zeit, in welcher die Vorarbeiten zu einem neuen, dem Stande der heutigen Wissenschaft und dem modernen Geiste entsprechenden Strafgesetzbuch für das deutsche Volk durch umfangreiche rechtsvergleichende Forschungen bereits eingeleitet sind, beansprucht die Diskussion über diese Probleme ein hervorragendes aktuelles Interesse. Es ist gebräuchlich geworden, die verschiedenen Strafrechtstheorien in absolute und relative einzuteilen. Jene fassen die Strafe als eine notwendige Folge des Verbrechens auf und finden in dem Verbrechen selbst den ausschließlichen Grund zur Rechtfertigung der Strafe. Die relativen Theorien begründen die Strafe aus einem außerhalb des Verbrechens gelegenen, mit der Strafe verfolgten Zweck.[1] Zu den namhaftesten Vertretern der absoluten Theorien gehört Kant, wenn er lehrt, die richterliche Strafe könne niemals ein Mittel

[1] Vgl. hierzu Binding: Grundriß des gemeinen deutschen Strafrechts, §§ 80—87, Geyer-Merkel in Holtzendorffs Encyklopädie, V. Aufl., S. 912. „Man kann den Gegensatz kurz dahin kennzeichnen: Die absolute Theorie straft, quia peccatum est, die relative, postquum peccatum est, ne peccetur." Vgl. Binding a. a. O.

zu irgend einem Zwecke sein, sei dieser Zweck nun Besserung des Verbrechers oder Schutz der Allgemeinheit; sie sei vielmehr eine imperative Forderung der praktischen Vernunft, d. h. der Gerechtigkeit. „Denn wenn die Gerechtigkeit untergeht, dann hat es keinen Wert mehr, daß Menschen auf Erden leben." „Selbst wenn sich die bürgerliche Gesellschaft mit aller Glieder Einstimmung auflöste, müßte der letzte im Gefängnis befindliche Mörder vorher hingerichtet werden." Auf gleichem absoluten Standpunkt steht Hegel, welcher in der Strafe die Wiederherstellung des durch den Verbrecher negierten Rechtes sieht. Hiernach ist die Strafe wesentlich Vergeltung, und zwar rechtliche Vergeltung (Kant, Hegel) oder göttliche Vergeltung (Stahl, Bekker) oder sittliche Vergeltung (Herbart) oder Sühne durch die läuternde Macht des zugefügten Schmerzes (Kohler). Die relativen Theorien entwickelten sich in engem Zusammenhang mit der (oben S. 26) dargelegten naturrechtlichen Auffassung von der Entstehung des Staates durch Gesellschaftsvertrag. Die Gesellschaft soll durch die Strafe geschützt werden,[1] sei es nun, daß durch sie andere von der Begehung von Verbrechen abgehalten werden durch Abschreckung (Hobbes, Feuerbach)

[1] Wach: „Alle irdische Gerechtigkeit ist, weil von dieser Welt für diese Welt — Mittel zum Zweck, nicht Selbstzweck." (Rede über die Zukunft des deutschen Strafrechts auf der 75. Jahresversammlung der Rheinisch-Westfälischen Gefängnis-Gesellschaft, Düsseldorf 1902.)

oder durch Warnung (Bauer), sei es, daß der einzelne Verbrecher durch die Strafe gebessert (Röder) oder unschädlich gemacht wird (Lombroso.) Daneben suchen die sogenannten gemischten Theorien, die absoluten und relativen zu vereinigen und stellen dabei den einen oder anderen Gesichtspunkt als den vornehmsten in den Vordergrund.

Auch auf diesem Gebiete hat der Einfluß der naturwissenschaftlichen und nationalökonomischen Forschungen (vgl. oben S. 30) befruchtend gewirkt und der menschlichen Erkenntnis neue Bahnen und Ziele eröffnet. In dieser Richtung sind die zum Teil auf statistischen Feststellungen beruhenden Untersuchungen gelegen, welche es sich zur Aufgabe machen, die Verbrechen aus ihren biologischen, physiologischen, sozialen und wirtschaftlichen Ursachen zu erklären, und sie hier, gleichsam an ihren Ursprungsquellen zu bekämpfen.[1] Im engen Zusammenhang mit

[1] Vgl. hierzu Lombroso: Der Verbrecher, bearbeitet von Fraenkel (Hamburg 1887; die erste Auflage des L'uomo delinquente erschien 1878), Lombroso: Die Ursachen und Bekämpfung des Verbrechens, deutsche Übersetzung von Kurella und Jentzsch (Berlin 1902), Kurella: Die Naturgeschichte des Verbrechens (Berlin 1893), Ferri: Das Verbrechen als soziale Erscheinung, deutsch von Kurella (Leipzig 1896), Aschaffenburg: Das Verbrechen und seine Bekämpfung (Heidelberg 1903), Liszt: Kriminalpolitische Aufgaben (in der Zeitschrift für die gesamte Strafrechtswissenschaft, Bd. IX, S. 452), Krauss: Der Kampf gegen die Verbrechensursachen (Paderborn 1905).

den hier erwähnten Auffassungen über das Verbrechen und seine Bestrafung steht das alte philosophische Problem der Freiheit oder Unfreiheit des menschlichen Willens, welches die Philosophen in zwei Lager spaltet und auch die Kriminalisten in Deterministen und Indeterministen scheidet.[1]

Nietzsche als Determinist

Will man Nietzsches Standpunht verstehen und kennzeichnen, so muß man zunächst hervorheben, daß er Determinist ist. Er nennt den Begriff des freien Willens *„das anrüchigste Theologen-Kunststück, das es gibt, zum Zwecke, die Menschen in ihrem Sinne ‚verantwortlich', d. h. sie von sich abhängig zu machen."*[2] Sein Urteil ist hier offenbar von seiner positivistischen Lektüre (vgl. oben S. 8flg.) beeinflußt. So schreibt er in der Morgenröte: *„Arme Menschheit! – ein Tropfen Blut zu viel oder zu wenig im Gehirn kann unser Leben unsäglich elend und hart machen, daß wir mehr an diesem Tropfen zu leiden haben, als Prometheus an seinem Geier. Aber zum Schrecklichsten kommt es erst, wenn man nicht einmal weiß, daß jener Tropfen die Ursache ist: ‚Sondern der Teufel!' oder ‚die Sünde'."*[3] *„Sollten wir noch nicht sagen dürfen: jeder ‚Schuldige' ist ein Kranker?"*[4] *„Man hat kaum angefangen über die Physiologie der Verbrecher nachzudenken, und doch steht man schon vor der*

[1] Vgl. Petersen: Willensfreiheit, Moral und Strafrecht (München 1905).

[2] Werke VIII, 99. [3] Werke IV, 80. [4] Werke IV, 197.

unabweislichen Einsicht, daß zwischen Verbrechern und Geisteskranken kein wesentlicher Unterschied besteht: vorausgesetzt, daß man glaubt, die übliche moralische Denkweise sei die Denkweise der geistigen Gesundheit.[1] *Kein Glaube wird aber jetzt so gut noch geglaubt wie dieser, und so scheue man sich nicht, seine Konsequenz zu ziehen und den Verbrecher wie einen Geisteskranken zu behandeln: vor allem nicht mit hochmütiger Barmherzigkeit, sondern mit ärztlicher Klugheit, ärztlichem guten Willen. Es tut ihm Luftwechsel, andere Gesellschaft, zeitweiliges Verschwinden, vielleicht Alleinsein und eine neue Beschäftigung not — gut! Vielleicht findet er es selber in seinem Vorteil, eine Zeit hindurch in einem Gewahrsam zu leben, um so Schutz gegen sich selber und einen lästigen, tyrannischen Trieb zu finden, — gut! Man soll ihm die Möglichkeit und die Mittel des Geheiltwerdens (der Ausrottung, Umbildung, Sublimierung jenes Triebes) ganz klar vorlegen, auch, im schlimmen Falle, die Unwahrscheinlichkeit desselben; man soll dem unheilbaren Verbrecher, der sich selber zum Greuel geworden ist, die Gelegenheit zum Selbstmord anbieten. Dies als äußerstes Mittel der Erleichterung vorbehalten, soll man nichts verabsäumen, um vor allem dem Verbrecher den guten Mut und die Freiheit des Gemütes wiederzugeben; man soll Gewissensbisse wie eine Sache der Unreinlichkeit ihm von der*

Vorschläge für die Behandlung der Verbrecher

[1] Werke IV, 195. Später hat Nietzsche diesen Glauben aufs heftigste bekämpft.

Seele wischen und ihm Fingerzeige geben, wie er den Schaden, welchen er vielleicht an dem einen geübt, durch eine Wohltat an anderen, ja vielleicht an der Gesamtheit ausgleichen und überbieten könne. Alles in äußerster Schonung! Und namentlich in Anonymität oder unter neuem Namen und mit häufigerem Ortswechsel, damit die Unbescholtenheit des Rufes und sein künftiges Leben so wenig wie möglich dabei Gefahr laufe." Nietzsche findet, daß „*unsere abscheulichen Strafordnungen mit ihrer Krämerwage und dem Aufwiegenwollen der Schuld durch die Strafe*"[1] diesen Postulaten direkt zuwiderlaufen. „*Unser Verbrechen gegen Verbrecher besteht darin, daß wir sie wie Schufte behandeln.*"[2] Man vergleiche mit diesem vorschnellen Urteile, welches jeden Verbrecher ohne Unterscheidung dem Geisteskranken gleichstellt und für seine Heilung praktisch undurchführbare, utopische Rezepte bietet, die Auffassung, welcher Liszt, obwohl selbst entschiedener Determinist, über die sog. Kriminal-Biologie Ausdruck gibt:[3] „Es läßt sich nicht leugnen, daß nur in sehr beschränktem Umfange von sicheren Ergebnissen der Kriminal-Anthropologie gesprochen werden kann, und daß das allgemeine Mißtrauen, welchem kriminal-biologische Untersuchungen in den Kreisen der Theoretiker wie in jenen der Praktiker begegnen, nur zu sehr begründet ist. Schritt für Schritt muß wissenschaftliche Erkenntnis errungen werden; wer,

Kritik des bestehenden Strafrechts

[1] Werke IV, 196. [2] Werke II, 83. [3] In dem S. 109, Anm. 1 erwähnten Aufsatze, S. 458.

gestützt auf unzureichende Beobachtungen, vorschnell gezogene Schlüsse als sichere Wahrheiten der Welt verkündet, schadet nicht nur sich, sondern auch der Sache, die er vertritt." Für Nietzsche bestehen solche Bedenken nicht. Er bestreitet jede subjektive Schuld und folgeweise auch jede Berechtigung der Strafe. *„Schaffen wir den Begriff der Sünde aus der Welt – und schicken wir ihm den Begriff der Strafe bald hinterdrein."*[1] *„Helft, ihr Hilfreichen und Wohlgesinnten, doch an dem einen Werke mit, den Begriff der Strafe, der die ganze Welt überwuchert hat, aus ihr zu entfernen! Es gibt kein böseres Unkraut! Nicht nur in die Folgen unserer Handlungsweisen hat man ihn gelegt – und wie schrecklich und vernunftwidrig ist schon dies, Ursache und Wirkung als Ursache und Strafe zu verstehen! – aber man hat mehr getan und die ganze reine Zufälligkeit des Geschehens um ihre Unschuld gebracht, mit dieser verruchten Interpretationskunst des Strafbegriffs. Ja, man hat die Tollheit so weit getrieben, die Existenz selber als Strafe empfinden zu heißen, – es ist, als ob die Phantasterei von Kerkermeistern und Henkern bisher die Erziehung des Menschengeschlechtes geleitet hätte."*[2] *„Ein seltsames Ding unsere Strafe! Sie reinigt nicht den Verbrecher, sie ist kein Abbüßen: im Gegenteil, sie beschmutzt mehr als das*

[1] Werke IV, 196.
[2] Werke IV, 20.

Verbrechen selber.“[1] *„Die meisten Verbrecher kommen zu ihren Strafen, wie die Weiber zu ihren Kindern. Sie haben zehn- und hundertmal dasselbe getan, ohne üble Folgen zu spüren: plötzlich kommt eine Entdeckung und hinter ihr die Strafe. Die Gewohnheit sollte doch die Schuld der Tat, derentwegen der Verbrecher gestraft wird, entschuldbarer erscheinen lassen: es ist ja ein Hang entstanden, dem schwerer zu widerstehen ist. Anstatt dessen wird er, wenn der Verdacht (!) des gewohnheitsmäßigen Verbrechens vorliegt, härter gestraft, die Gewohnheit wird als Grund gegen alle Milderung geltend gemacht. Umgekehrt: eine musterhafte Lebensweise, gegen welche das Verbrechen um so fürchterlicher absticht, sollte die Schuldbarkeit verschärft erscheinen lassen! Aber sie pflegt die Strafe zu mildern.*“[2] Es muß auffallen wie hier Nietzsche selbst Schuldmomente zur Abwägung der Strafen betont, gegen welche er sich doch an anderer Stelle so entschieden ausgesprochen hat. Sein Vorschlag müßte natürlich dazu führen, die gewohnheits- und gewerbsmäßigen Hochstapler, Hehler, Kuppler, Zuhälter am mildesten zu bestrafen, einen Unbescholtenen aber, der sich einmal verfehlt, am härtesten. Daß vollends, wenn die Verbrecher in der von Nietzsche empfohlenen Weise „verwöhnt und verhätschelt“ würden, „die unermeßlichsten Sanatorien nicht ausreichen

[1] Werke IV, 224. Weitere Betrachtungen über „Schuld“, „schlechtes Gewissen“ „Strafe“ vgl. Werke VII, 343ff., 369ff., XIII, 185ff. [2] Werke III, 214ff.

könnten, so glückliche Kranke zu beherbergen," dürfte auch jedem Laien auf dem Gebiet der Strafrechtspflege ohne weiteres einleuchten.[1] Fernab von jedem Verständnis für die Gesetze der Psychologie wie für die des praktischen Lebens liegt das noch in einem anderen Zusammenhange zu erörternde Verlangen Nietzsches, die Begriffe von Schuld – Reue – Strafe aus der Behandlung der Verbrecher ganz auszumerzen. Seit es eine menschliche Kultur gibt, war auch das Gefühl der strafrechtlichen Verantwortlichkeit in ihr lebendig. Wenn Nietzsche sie leugnet, so ist dies nur aus einem individuellen Mangel sittlichen Empfindens zu erklären, welcher den gehirnkranken Nietzsche in der letzten Periode seines geistigen Schaffens zu immer absurderen und scheußlicheren Resultaten gelangen ließ. „Die stille Energie des sittlichen Bewußtseins, welches nicht von ungefähr gekommen und bislang der Spiritus rector unseres Handelns und unserer Gesetzgebung gewesen, wird auch fernerhin unserem Recht und Gemeinwesen den Stempel aufdrücken. Darin ruht die unerschütterliche Zuversicht, daß keine noch so laute und aufdringliche extreme, materialistische, sozialistische, anthropologische Theorie, wie viele auch von ihr ergriffen werden, die Grundfesten unseres Strafrechts zu zerstören vermag."[2]

Behandlung des Verbrechers im Zarathustra

In seinem Zarathustra widmet Nietzsche einen besonderen Abschnitt *„dem bleichen Verbrecher"*.[3]

[1] Vgl. Seillière S. 172. [2] Vgl. Wach a. a. O.
[3] Werke VI, 52ff.

Es wird uns das Bild eines geständigen Raubmörders vorgeführt, der in sich überwunden hat und keinen anderen Wunsch mehr hegt, als einen schnellen Tod zu finden. Ein solcher Raubmörder, der zwar keine Reue empfindet, aber doch seine Tat nicht überleben will und deshalb selbst die Strafe herbeisehnt, kommt nicht vor. Der natürliche Selbsterhaltungstrieb ist so mächtig, daß nach den Erfahrungen des Lebens der Verbrecher in der Regel bis zum letzten Atemzuge auf eine Wendung seines Schicksals hofft und sie mit allen Fasern der Seele herbeisehnt. Bei einem politischen Morde, wo der Verbrecher unter dem Banne einer ihn völlig beherrschenden Idee steht, liegt die Sache anders. Bei dem gemeinen Verbrecher aber ist derartige Seelenstärke nicht zu finden.

Nietzsche hält es für erforderlich und sich (oder, was hier dasselbe ist, seinen Zarathustra) für berufen, zunächst die Richter selbst zu apostrophieren: *„Du roter Richter, wenn du laut sagen wolltest, was du schon alles in Gedanken getan hast, so würde jedermann schreien, ‚weg mit diesem Unflat und Giftwurm!'"* *„‚Feind' sollt ihr sagen, aber nicht ‚Bösewicht', ‚Kranker' sollt ihr sagen, aber nicht ‚Schuft', ‚Tor' sollt ihr sagen, aber nicht ‚Sünder'."* Und nun belehrt Nietzsche die Richter, daß gar nicht der Raub das tiefere Motiv der Tat war, sondern *„das Glück des Messers"*. *„So spricht der rote Richter: ‚Was mordete doch dieser Verbrecher?*

Er wollte rauben.' Aber ich sage euch: seine Seele wollte Blut, nicht Raub: er dürstete nach dem Glück des Messers! Seine arme Vernunft aber begriff diesen Wahnsinn nicht und überredete ihn: ‚Was liegt am Blut!' sprach sie, ‚willst du nicht zum Mindesten einen Raub dabei machen?'" Die Stelle ist charakteristisch für den ganzen Nietzsche: Ein Phantasiegebilde, das innerlich durchaus unwahr ist, wird aufgestellt und verallgemeinert; daraus wird ein oberflächlicher Schluß gezogen und mit dem Pathos des Propheten und Weisheitslehrers verkündet. Nach aller kriminalistischer und psychologischer Erfahrung wird die verbrecherische Gier nach Blut sehr häufig durch ein gesteigertes Gefühl von Wollust erzeugt; sie äußert sich in grauenvoller Weise im Lustmord. Wer aber raubt, der tötet nicht, um zu töten; ihm war der Mord nur Mittel zum Zweck, fremdes Gut zu erlangen oder zu behaupten. Naumann in seinem Zarathustra-Kommentar[1] macht denn auch mit richtigem Gefühl den Versuch, den Fall zu konkretisieren und den Raubmord in einen Lustmord umzuwandeln. Aber damit würde das Original gefälscht.

Nietzsche als Immoralist

Die Auffassung über Verbrechen und Verbrecher, zu welcher Nietzsche in der letzten Periode seines geistigen Schaffens gelangt, läßt sich nur im Zusammenhang mit seiner Anschauung über Moral, Sitte und Sittlichkeit überhaupt richtig verstehen und beurteilen. Nietzsche be-

[1] S. 145.

zeichnet sich selbst als Immoralisten. In dieser Hinsicht hat er literarische Vorläufer gehabt, deren Schriften ihm bekannt waren, insbesondere Helvétius und Stendhal (Beyle).[1] Sofern dabei nur das wissenschaftliche Streben Ausdruck findet, die herrschende Moral und Sitte auf ihre tieferen psychologischen und historischen Ursachen zu ergründen, ihren Wert oder Unwert im einzelnen zu prüfen, läßt sich gegen solche Versuche nichts einwenden, und offenbar hat auch Nietzsche ursprünglich nichts anderes vorgeschwebt. So vergleicht er sich mit einem *unterirdisch Grabenden und Untergrabenden,*"[2] der das „*Vertrauen zur Moral untergraben*" will.[3] „*Wir klagen die Natur nicht als unmoralisch an, wenn sie uns ein Donnerwetter schickt und uns naß macht: Warum nennen wir den schädigenden Menschen unmoralisch? Weil wir hier einen willkürlich waltenden freien Willen, dort Notwendigkeit annehmen. Aber diese Unterscheidung ist ein Irrtum.*" ..... „*Alle Moral läßt absichtliches Schadentun gelten bei Notwehr: das heißt, wenn es sich um die Selbsterhaltung handelt! Aber diese beiden Gesichtspunkte genügen, um alle bösen Handlungen, gegen Menschen*

[1] Daß Nietzsche auch Stirner gekannt hat, ist nicht nachgewiesen aber sehr wahrscheinlich (vgl. Seillière a. a. O., S. 192, Drews, S. 405 Fußnote 1). Ideen Stirners aus dessen Hauptwerk „Der Einzige und sein Eigentum" (Leipzig 1845) finden sich mehrfach bei Nietzsche wieder.

[2] Werke IV, 1.

[3] Werke IV, 4.

von Menschen ausgeübt, zu erklären: man will für sich Lust, oder will Unlust abwehren; in irgend einem Sinne handelt es sich immer um Selbsterhaltung. Sokrates und Plato haben Recht: Was auch der Mensch tue, er tut immer das Gute, das heißt: das was ihm gut (nützlich) scheint, je nach dem Grade seines Intellekts, dem jeweiligen Maße seiner Vernünftigkeit."[1] Nietzsche weist darauf hin, wie es im Kriegszustande für eine Tugend gerechnet wird, in der Grausamkeit erfinderisch und unersättlich zu sein.[2] Die Sittlichkeit ist ihm nichts anderes *als „Gehorsam gegen Sitten, welcher Art diese auch sein mögen.*"[3] Deshalb erscheint ihm die Wirkung der Sittlichkeit als Verdummung. Denn *„die Sitte repräsentiert die Erfahrungen früherer Menschen über das vermeintlich Nützliche und Schädliche; – aber das Gefühl für die Sitte (Sittlichkeit) bezieht sich nicht auf jene Erfahrungen als solche, sondern auf das Alter, die Heiligkeit, die Indiskutabilität der Sitte. Und damit wirkt dies Gefühl dem entgegen, daß man neue Erfahrungen macht und die Sitten korrigiert: das heißt, die Sittlichkeit wirkt der Entstehung neuer und besserer Sitten entgegen: Sie verdummt.*"[4] *„Man vergreift sich sehr,*" schreibt er in der „fröhlichen Wissenschaft", *„wenn man die Strafgesetze eines Volkes studiert, als ob sie ein Ausdruck seines Charakters wären; die Gesetze verraten nicht das, was ein Volk ist,*

[1] Werke II, 104. [2] Werke IV, 25. [3] Werke IV, 16.
[4] Werke IV, 28.

sondern das, was ihm fremd, seltsam, ungeheuerlich, ausländisch erscheint. Die Gesetze beziehen sich auf die Ausnahmen der Sittlichkeit, der Sitte; und die härtesten Strafen treffen das, was der Sitte des Nachbarvolkes gemäß ist."[1] „*Wo wir eine Moral antreffen, da finden wir eine Abschätzung und Rangordnung der menschlichen Triebe und Handlungen. Diese Schätzungen und Rangordnungen sind immer der Ausdruck der Bedürfnisse einer Gemeinde und Herde: das was* ihr *am ersten frommt — und am zweiten und dritten —, das ist auch der oberste Maßstab für den Wert aller Einzelnen. Mit der Moral wird der Einzelne angeleitet, Funktion der Herde zu sein und nur als Funktion sich Wert zuzuschreiben. Da die Bedingungen der Erhaltung einer Gemeinde sehr verschieden von denen einer anderen Gemeinde gewesen sind, so gab es sehr verschiedene Moralen; und in Hinsicht auf noch bevorstehende wesentliche Umgestaltungen der Herden und Gemeinden, Staaten und Gesellschaften kann man prophezeien, daß es noch sehr abweichende Moralen geben wird. Moralität ist Herdeninstinkt im Einzelnen.*"[2]

Aber die Moral ist mehr als eine Summe von Erfahrungen früherer Zeiten über das vermeintlich nützliche, und bei aller Verschiedenheit des moralischen Empfindens nach der Verschiedenheit der Religionen, der Rassen, der biologischen Gesetze zeigt sich gerade bei der höheren Entwicklung der

[1] Werke V, 79. [2] Werke V, 156, VII, 135ff.

menschlichen Kultur sowohl unter den Völkern als unter den einzelnen Individuen eine überraschende Übereinstimmung. Ist doch die Ethik der höchsten Blüte griechischer Philosophie mit Recht als der unvollkommene Entwurf der christlichen Sittenlehre bezeichnet worden, so viele übereinstimmende Züge ergeben beide. Auch wer den transzendentalen Ursprung der Ethik leugnet, kann sich der Erkenntnis nicht verschließen, daß das sittliche Gefühl im Menschen ein auf psychologischer Grundlage beruhender Faktor ist, der die rein egoistischen Triebe korrigiert und es dem Menschen erst ermöglicht, ein Zoon politikon, ein Glied der menschlichen Gesellschaft zu sein.[1] Aber bei Nietzsche war das sittliche und soziale Empfinden von vornherein wohl nur in beschränktem Maße vorhanden und wurde später unter dem Einfluß seiner Spekulationen und der Gehirnkrankheit völlig ausgeschaltet.[2]

Annahme einer doppelten Moral

Den Konsequenzen seiner Auffassung sucht Nietzsche in „Jenseits von Gut und Böse" dadurch zu entgehen, daß er den Satz aufstellt, es gebe einen *doppelten Typus von Moral,* eine *Herrenmoral* und eine *Sklavenmoral.* Die erstere sei für die *„vornehmere Art Mensch"*, die *„werteschaffende"*, die herrschende; diese Moral sei *Selbstverherrlichung.* Die andere Moral sei die der gewöhnlichen Menschen, für die Sklavennaturen, die Herde bestimmt; sie sei im wesentlichen

[1] Vgl. auch Haeckel: Welträtsel, S. 404, 463.
[2] Vgl. Möbius, S. 122.

Nützlichkeitsmoral.[1] Bleibt nur auch hier (wie oben S. 39) die Frage völlig ungelöst: wer sind die Herren? wer wird Sklave sein wollen? Im praktischen Ergebnis würde die Anerkennung einer solchen doppelten Moral natürlich auch zur Aufstellung eines doppelten Kriminalkodex führen müssen. Der in die Verfassungen der moderneren Kulturstaaten aufgenommene Grundsatz, wonach vor dem Gesetz jeder gleich ist, müßte ausgemerzt und an seine Stelle ein gesetzlicher Ausdruck für ein Prinzip gefunden werden, das in dem ironisch gemeinten Sprichwort ausklingt: die kleinen Spitzbuben henkt man, die großen läßt man laufen.

Immoralität als Ziel empfohlen

Seine Betrachtungen führen Nietzsche schließlich dazu, jede Moral als etwas fehlerhaftes, als ein Unglück sowohl für die Menschheit als für den Einzelnen aufzufassen und die Immoralität als das zu erstrebende Ziel anzusehen. *„Es gibt Menschen genug,“* schreibt er, *„welche ohne Moral leben, weil sie dieselbe nicht mehr nötig haben (wie solche, die ohne Arzt, Medizin, peinliche Prozeduren leben, weil sie gesund sind und entsprechende Gewohnheiten haben). Moralisch bewußt leben — setzt Fehlerhaftigkeit voraus und deren Druck und Folgen, das heißt, wir haben unsere Existenzbedingungen noch nicht gefunden und suchen sie noch.“*[2] *„Ihr sagt, ‚gewisse Glaubenssätze sind der Menschheit heilsam‘, folglich müssen sie geglaubt werden. Aber das ist*

[1] Werke VII, 239 ff. [2] Werke XI, 197.

meine Tat, zum ersten Male die Gegenrechnung gefordert zu haben! – also gefragt zu haben: welches unsägliche Elend, welche Verschlechterung der Menschheit dadurch entstanden ist, daß man das Ideal der Selbstlosigkeit aufstellte, also den Egoismus böse hieß und als böse empfinden ließ."[1] *„Die Schädlichkeit der ‚Tugenden', die Nützlichkeit der ‚Untugenden' ist nie in voller Breite gesehen worden."*[2] *„Dies ist die allgemein herrschende Form der Barbarei, daß man noch nicht weiß: Moral ist Geschmackssache. Im übrigen wird in diesem Bereiche am meisten gelogen und geschwindelt. Die moralistische Literatur und die religiöse ist die verlogenste."*[3] Schließlich erklärt Nietzsche die Moral als den Ausdruck der Décadence.[4]

[1] Werke XII, 92. Die immer wiederkehrende Unterstellung, daß die herrschende Moral und insbesondere die christliche Moral völlige Askese fordere und den Egoismus aufheben wolle, ist grundfalsch. Zeigt denn etwa die christliche Menschheit die Tendenz auszusterben? Oder ist sie hinter der Kulturentwicklung anderer Nationen zurückgeblieben? Es handelt sich vielmehr darum, die egoistischen und die altruistischen Triebe zueinander in das richtige Verhältnis zu setzen. Selbstsucht und Genußsucht sind bei den meisten Menschen von vornherein in so starkem Maße vorhanden, daß es durchaus nicht nötig ist, sie noch besonders zu empfehlen. Nur ein Denker, der so wenig Menschenkenntnis und Lebenserfahrung besaß, wie Nietzsche, konnte sich darüber täuschen.

[2] Werke XII, 93. [3] Werke XIII, 154ff.

[4] Werke XV, 161 ff.

Sie ist ihm *„die bösartigste Form des Willens zur Lüge, die eigentliche Circe der Menschheit: ‚Das was sie verdorben hat'" .... „Wie ist es nur möglich, daß die Menschheit nicht längst vor dieser unheimlichsten und gefährlichsten Gestalt des Irrtums gewarnt worden ist? – daß sie von mir erst gewarnt wird?"*[1]

Verherrlichung der Verbrecher

Die Geister, die Nietzsche rief, wurde er nicht mehr los. Er ist ihr Opfer geworden. Der spätere Nietzsche steht nicht mehr über dem Verbrecher wie beispielsweise Lombroso, welcher gleichfalls die Genialität mancher Verbrecher hervorhebt, auch den Nutzen erkennt, den manche Verbrechen für die Menschheit zur Folge hatten, gleichwohl aber das Verbrechen verabscheut und mit allen Mitteln menschlicher Erkenntnis zu bekämpfen sucht.[2] Nietzsches Standpunkt ist vielmehr der des Verbrechers selbst, und zwar des sog. gemeinen Verbrechers; denn er empfiehlt rücksichtslose Ausbeutung des andern, er empfiehlt Grausamkeit, List, Lüge, Verstellung.[3] Er wünscht *„die Entwicklung der Raubsucht, der Lüge und Verstellung, der Grausamkeit, des Geschlechtstriebes, des Mißtrauens, der Härte, der Herrschsucht zu hochgeschätzten Dingen."*[4] Ja Nietzsche sieht zu dem Verbrecher hinauf, wie zu seinem Ideal!

[1] Werke XV, 163. [2] Lombroso: Die Ursachen und die Bekämpfung des Verbrechens, S. 392ff.

[3] Werke VII, 127ff., VIII, 128, XIV, 296.

[4] Werke XIII, 146.

„Der Verbrecher-Typus,“ schreibt er, *„das ist der Typus des starken Menschen unter ungünstigen Bedingungen, ein krank gemachter starker Mensch. Ihm fehlt die Wildnis, eine gewisse freiere und gefährlichere Natur und Daseinsform, in der alles, was Waffe und Wehr im Instinkt eines starken Menschen ist, zu Recht besteht. Seine Tugenden sind von der Gesellschaft in Bann getan; seine lebhaftesten Triebe, die er mitgebracht hat, verwachsen alsbald mit den niederdrückenden Affekten, mit dem Verdacht, der Furcht, der Unehre. Aber das ist beinahe das Rezept zur physiologischen Entartung.“ .... „Die Gesellschaft ist es, unsere zahme mittelmäßige, verschnittene Gesellschaft, in der ein naturwüchsiger Mensch, der vom Gebirge her oder aus den Abenteuern des Meeres kommt, notwendig zum Verbrecher entartet. Oder beinahe notwendig; denn es gibt Fälle, wo ein solcher Mensch sich stärker erweist als die Gesellschaft; der Korse Napoleon ist der berühmteste Fall.*[1] *Für das Problem, das hier vorliegt, ist das Zeugnis Dostojewskys von Belang. — Dostojewskys, des einzigen Psychologen anbei gesagt, von dem ich etwas zu lernen hatte: Er gehört zu den schönsten Glückfällen meines Lebens, mehr selbst noch als die Entdeckung Stendhals.*

[1] Werke VIII, 157ff. Hier fehlt vollkommen das Augenmaß für die Distanz der Verhältnisse. Napoleon mag vielleicht vom nationalen Standpunkt aus manchem als ein politischer Verbrecher erscheinen; ein gemeiner Verbrecher war er nie.

Dieser tiefe Mensch, der zehnmal Recht hatte, die oberflächlichen Deutschen gering zu schätzen, hat die sibirischen Zuchthäusler, in deren Mitte er lange lebte, lauter schwere Verbrecher, für die es keinen Rückweg zur Gesellschaft mehr gab, sehr anders empfunden, als er selbst erwartete — ungefähr als aus dem besten, härtesten und wertvollsten Holze geschnitzt, das auf russischer Erde überhaupt wächst.“[1] Und dabei ist Nietzsche mit unseren heutigen Verbrechern nicht einmal zufrieden; sie sind ihm als Verbrecher nicht vollkommen genug. *„Die Vollkommenheit eines Napoleon, eines Cagliostro entzückt; unser Verbrechertum hat nicht Musterbilder vor sich, sie haben kein fröhliches Gewissen. Ein guter Räuber, ein guter Rächer, Ehebrecher – das zeichnete das Mittelalter und die Renaissance aus, sie hatten den Sinn für Vollständigkeit. Bei uns fürchten sich die Tugenden und die Laster, die öffentliche Meinung ist die Macht der Halben und Mittelmäßigen, die schlechten Kopien der zusammengestohlenen Allerweltsmenschen.“*[2] *„Man mißversteht das Raubtier und den Raubmenschen (zum Beispiel Cesare Borgia) gründlich, man mißversteht die ‚Natur‘, so lange man noch nach einer ‚Krankhaftigkeit‘ im Grunde dieser gesündesten aller tropischen Untiere und Gewächse sucht, oder gar nach einer eingeborenen ‚Hölle‘ –: wie es bisher fast alle Moralisten getan haben. Es scheint, daß es bei den Moralisten einen Haß*

[1] Werke VIII, 158. [2] Werke XI, 250.

gegen den Urwald und gegen die Tropen gibt? Und daß der ‚tropische Mensch' um jeden Preis diskreditiert werden muß, sei es als Krankheit und Entartung des Menschen, sei es als eigene Hölle und Selbst-Marterung? Warum doch? Zugunsten der ‚gemäßigten Zonen'? Zugunsten der gemäßigten Menschen? Der ‚Moralischen'? Der Mittelmäßigen? — Dies zum Kapitel ‚Moral als Furchtsamkeit.'"[1] *„Die stärksten und bösesten Geister haben bis jetzt die Menschheit am meisten vorwärts gebracht: sie entzündeten immer wieder die einschlafenden Leidenschaften — alle geordnete Gesellschaft schläfert die Leidenschaften ein —, sie weckten immer wieder den Sinn der Vergleichung, des Widerspruchs, der Lust am Neuen, Gewagten, Unerprobten, sie zwangen die Menschen Meinungen gegen Meinungen, Musterbilder gegen Musterbilder zu stellen."*[2] *„Man unterschätzt den Wert einer bösen Tat, wenn man nicht in Anschlag bringt, wie viel Zungen sie in Bewegung setzt, wie viel Energie sie entfesselt und wie vielen Menschen sie zum Nachdenken und zur Erhebung dient."*[3] Das Leben selbst ist nach Nietzsche *„wesentlich Aneignung, Verletzung, Überwältigung des Fremden und Schwächeren, Unterdrückung, Härte, Aufzwängung eigener Formen, Einverleibung und mindestens, mildestens Ausbeutung." ..... „Die ‚Ausbeutung' gehört nicht einer verderbten oder unvollkommenen und primitiven Gesellschaft an: sie gehört ins Wesen des Lebendigen, als or-*

[1] Werke VII, 127. [2] Werke V, 41. [3] Werke XI, 40.

ganische Grundfunktion, sie ist eine Folge des eigentlichen Willens zur Macht, der eben der Wille des Lebens ist."[1] „*Wenn bei uns der Verbrecher eine schlecht ernährte und verkümmerte Pflanze ist, so gereicht dies unseren gesellschaftlichen Verhältnissen zur Unehre; in der Zeit der Renaissance gedieh der Verbrecher und erwarb sich seine eigene Art von Tugend, — eine Tugend im Renaissancestil freilich, virtù, moralinfreie Tugend.*"[2] „*Wir lernen in unserer zivilisierten Welt fast nur den verkümmerten Verbrecher kennen, erdrückt unter dem Fluch und der Verachtung der Gesellschaft, sich selbst mißtrauend oftmals seine Tat verkleinernd und verleumdend, einen mißglückten Typus von Verbrecher; und wir widerstreben der Vorstellung, daß alle großen Menschen Verbrecher waren, nur im großen Stile und nicht im erbärmlichen, daß das Verbrechen zur Größe gehört.*"[3] „*Meine Furcht ist groß*", ruft er aus, „*daß der moderne Mensch für einige Laster einfach zu bequem ist, so daß diese geradezu aussterben.*"[4]

Wirkung der Immoralitätslehre Nietzsches

Diese Auffassung Nietzsches vom Verbrechen wird zweifellos Leute „mit robustem Gewissen", wie sie leider in allen Gesellschaftskreisen vorkommen, außerordentlich befriedigen. Hochstapler und Schwindler werden sich durch den Vergleich mit Napoleon und Cagliostro mit Recht geschmeichelt fühlen; gewissenlose Grün-

[1] Werke VII, 238. [2] Werke XV, 354.
[3] Werke XV, 355, XIV, 78. [4] Werke XIII, 130.

der, Bankrottierer, Wucherer, Erpresser, ungetreue Verwalter fremden Gutes, Zuhälter werden sich sehr über die neueste philosophische Erkenntnis freuen, daß die Ausbeutung anderer das Wesen des Lebens und ein sehr vornehmes und verdienstvolles Beginnen ist! Ja, so reizvoll schildert Nietzsche Verbrechen und Verbrechertum, daß manch einer Lust bekommen mag, ihm auf diesen *neuen Schleichwegen und Tanzplätzen* zu folgen, ja wohl auch selbst einmal ein bißchen „Verbrecher zu spielen", nur um nicht zu den ganz Dummen und Unbedeutenden zu gehören. Allerdings haben diese Ideale Nietzsches, in der Nähe betrachtet, doch eine wesentlich andere Physiognomie, als der *„moralinfreie"* Professor sie sich vorstellt. Seine Schwärmerei hat große Ähnlichkeit mit dem Enthusiasmus eines Quartaners, der zu viele Räuber-, Seefahrer- und Indianergeschichten gelesen hat und darüber seinen lateinischen Stil ganz und gar vernachlässigt.[1] Nicht aus den Höhen des Geistes, nicht *„vom Gebirge her und aus den Abenteuern des Meeres"* stammen die Verbrecher! Vielmehr sind sittliche und geistige Verkümmerung, soziales Elend, Alkoholismus, Prostitution, schlechte Erziehung, Verführung,

[1] Seillière nennt sie (S. 170, 172) „kindlich", Möbius (S. 153) „knabenhaft". Man hätte Nietzsche einmal die Tagesordnungen unserer großen Schwurgerichte – nur eines einzigen Quartals! – vorlegen sollen; vielleicht hätte er sich dann über die Unvollkommenheit unserer Verbrecher etwas beruhigt.

Hang zur Ausschweifung, leidenschaftliche Habgier oder ungesunder Ehrgeiz die Ursachen, die den Einzelnen zum Verbrechen treiben, wenn entgegenwirkende Motive, insbesondere sein moralischer Widerstand oder die Furcht vor Entdeckung und Strafe in ihm nicht stark genug sind. Aber Nietzsche weiß das alles besser, als die Erkenntnis der vorhergegangenen Jahrtausende, und er ist naiv genug, sein Erstaunen zu gestehen, daß **er** erst der Menschheit seine großen Wahrheiten entdeckt habe! Daß er mit ihnen völlig auf dem Holzwege ist, – an diese Möglichkeit zu denken, liegt ihm fern. Im Gegenteil, Nietzsche zieht die Konsequenzen seiner Lehren, was ja auf dem Papier völlig ungefährlich erscheint. Hatte er das Verbrechen, und zwar das möglichst vollkommene, gepriesen und verherrlicht, so mußte er folgerichtig die Tugenden verdammen und verlästern. *„Jede Tugend neigt zur Dummheit, jede Dummheit zur Tugend; ‚dumm bis zur Heiligkeit', sagt man in Rußland."*[1] *„Man ist eine gründlich kleine Art Mensch, wenn man nur tugendhaft ist: darüber soll nichts in die Irre führen. Menschen, die irgendwie in Betracht kommen, waren noch niemals solche Tugend-Esel."*[2] Für ganz verächtlich erachtet Nietzsche die Reue. Erinnyen gibt es für ihn nicht! *„Ich liebe diese Art Feigheit gegen die eigene Tat nicht; man soll sich selbst nicht im Stich lassen unter dem Ansturz unerwarteter*

Verhöhnung der Tugend

Verwerfung der Reue

[1] Werke VII, 183. [2] Werke XV, 445.

Schande und Bedrängnis. Ein extremer Stolz ist da eher am Platz. Zuletzt, was hilft es! Keine Tat wird dadurch, daß sie bereut wird, ungetan; ebensowenig dadurch, daß sie ‚vergeben' oder daß sie ‚gesühnt' wird. Man müßte Theologe sein, um an eine schuldentilgende Macht zu glauben: wir Immoralisten ziehen es vor, nicht an ‚Schuld' zu glauben."[1] *„Der Wurm des Gewissens ist eine Sache für den Pöbel und eine wahre Verderbnis vornehmer Seelen."*[2] *„Die bisherige Praxis, die rein psychologische und religiöse, war nur auf eine* V e r ä n d e r u n g d e r S y m p t o m e *aus; sie hielt einen Menschen für wiederhergestellt, wenn er vor dem Kreuze sich erniedrigte und Schwüre tat, ein guter Mensch zu sein." .... „Aber ein Verbrecher, der mit einem gewissen düsteren Ernst sein Schicksal festhält und nicht seine Tat hinterdrein verleumdet, hat mehr* G e s u n d h e i t d e r S e e l e *.... Die Verbrecher, mit denen Dostojewsky zusammen im Zuchthaus lebte, waren samt und sonders ungebrochene Naturen — sind sie nicht hundertmal mehr wert als ein ‚gebrochener' Christ?"*[3] Von besonderem Interesse ist es in diesem Zusammenhang, zu erfahren, wie Nietzsche sich *„den Ursprung des schlechten Gewissens"* ausdenkt. Hier fehlt jede psychologische Erkenntnis; an ihre Stelle treten Bilder und Vorstellungen seltsamster Art: *„Ich nehme das schlechte Gewissen als die tiefe Erkrankung, welcher der Mensch unter dem Druck jener gründlichsten*

Der Ursprung des schlechten Gewissens

[1] Werke XV, 96. [2] Werke XIV, 78. [3] Werke XV, 96.

aller Veränderungen verfallen mußte, als er sich endgültig in den Bann der Gesellschaft und des Friedens eingeschlossen fand.“ „Der Mensch, der sich aus Mangel an äußeren Feinden und Widerständen, eingezwängt in eine erdrückende Enge und Regelmäßigkeit der Sitte, ungeduldig selbst zerriß, verfetzte, annagte, aufstörte, mißhandelte, dies an den Gitterstangen seines Käfigs sich wundstoßende Tier, das man ‚zähmen‘ will, dieser Entbehrende und vom Heimweh der Wüste Verzehrte, der aus sich selbst ein Abenteuer, eine Folterstätte, eine unsichere, gefährliche Wildnis schaffen mußte – dieser Narr, dieser sehnsüchtige und verzweifelte Gefangene wurde der Erfinder des ‚schlechten Gewissens‘“.[1] Man muß vergeblich fragen, wann ist dies geschehen? Welche Wahnideen liegen hier zugrunde? Wann und wo wurde die Menschheit gleich einem Schwarm wildschweifender Raubtiere plötzlich eingefangen und in den Käfig der Kultur gezwängt? Von den Kämpfen und Stürmen, die das Leben selbst bietet, scheint Nietzsche nichts zu wissen; er ging ihnen allerdings sorgfältig, wenn auch unfreiwillig, aus dem Wege. Überhaupt scheint er nur an physische Kämpfe und Widerstände zu denken, wie ihm auch bei seinen Verbrechern meistens Raubmörder, Bravi, *„gute Ehebrecher“* vorschweben. Aber hören wir ihn weiter! *„Jener Wille zur Selbstpeinigung, jene zurückgetretene Grausamkeit des innerlich gemachten, in sich selbst*

[1] Werke VII, 379.

zurückgescheuchten Tiermenschen, des zum Zwecke der Zähmung in den ‚Staat' Eingesperrten, der das schlechte Gewissen erfunden hat, um sich wehe zu tun, nachdem der natürliche Ausweg dieses Wehtun-wollens verstopft war, – dieser Mensch des schlechten Gewissens hat sich der religiösen Voraussetzung bemächtigt, um seine Selbstmarterung bis zur schauerlichsten Härte und Schärfe zu treiben. Eine Schuld gegen Gott: dieser Gedanke wird ihm zum Folterwerkzeug. Er ergreift in ‚Gott' die letzten Gegensätze, die er zu seinen eigentlichen und unerklärlichen Tier-Instinkten zu finden vermag, er deutet diese Tier-Instinkte selbst um als Schuld gegen Gott .... er spannt sich in den Widerspruch ‚Gott' und ‚Teufel'" ... „O über diese wahnsinnige, traurige Bestie Mensch! Welche Einfälle kommen ihr, welche Widernatur, welche Paroxismen des Unsinns, welche Bestialität der Idee bricht sofort heraus, wenn sie nur ein wenig verhindert wird, Bestie der Tat zu sein!"[1] Man ist versucht, diese letzten Sätze auf Nietzsche selbst anzuwenden. Man glaubt das Toben eines Tollhäuslers zu vernehmen, das durch keine ruhige Vernunft und Überlegung mehr in Schranken gehalten wird. Wir haben es aber heutzutage nicht mehr mit der Person Nietzsches, wir haben es mit seinem Werke zu tun, das von gewissenlosen Verehrern als tiefste menschliche Weisheit und Erkenntnis gepriesen wird. Es ist deshalb

[1] Werke VII, 391.

grundsätzlich hier überall unterlassen, die einzelnen Zitate unter dem Gesichtspunkt zu prüfen, ob in ihnen noch ein gesundes Denken oder der Wahn eines Geistesgestörten zum Ausdruck kommt. Es wäre dies auch ein ebenso unsicheres als anfechtbares Beginnen.

In Notizen, in Tagebüchern oder sonstigen Papieren von Verbrechern finden sich nicht selten Betrachtungen, die mit der „Ethik Nietzsches" auffallend übereinstimmen. Dies bestätigt das oben ausgesprochene Urteil, daß Nietzsche in dieser Periode (wie anzunehmen, unter dem Einfluß seiner Gehirnkrankheit) theoretisch vollständig auf dem Standpunkt eines gemeinen Verbrechers angelangt ist. Liest es sich doch wie ein Aphorismus Nietzsches, wenn uns Lombroso[1] berichtet, daß vor einigen Jahren ein Bündel von zehn gestohlenen Schuldverschreibungen gefunden wurde, auf dessen Umschlag der Dieb folgende Zeilen (aus einem Roman von Bourrasque) geschrieben hatte: „Das Gewissen ist ein Wort, das erfunden ist, Dumme zu erschrecken und sie zu zwingen, im Elend mürbe zu werden. Throne und Millionen werden nur durch Gewalt und Trug gewonnen."

Einfluß der Lehren Nietzsches

Welchen Einfluß, welche völlige Verwirrung aller Grundbegriffe eines rechtlichen und anständigen Handelns solche Lehren auf diejenigen ausüben müssen, die ohne tiefere Bildung, ohne

[1] Lombroso: Die Ursachen und Bekämpfung des Verbrechens, S. 49.

gefestigten Charakter an die ihnen als Offenbarungen „des größten Philosophen“ empfohlenen Werke Nietzsches herantreten und sie auf sich wirken lassen, das bedarf für jeden Einsichtigen keiner weiteren Erörterung.

Nach den Grenzen, welche dieser Schrift gesteckt sind, kann hier nicht näher eingegangen werden auf die metaphysische Weltanschauung Nietzsches, welche im wesentlichen von Schopenhauer beeinflußt ist und mit ihm den Willen als das eigentlich Seiende, die Welt nur als Objektivation des Willens ansieht. Aber Nietzsche ist nicht wie Schopenhauer und Wagner „durch Mitleid wissend.“ Er verhöhnt die altruistischen Tendenzen, bezeichnet sie als verwerflich und versteht des Leben nur als „*Wille zur Macht.*“ – Es kann aus dem gleichen Grunde nicht eingegangen werden auf die Idee von der „*ewigen Wiederkunft des Gleichen*“, welche Nietzsche als eine Art Offenbarung, als „*den größten und mächtigsten Gedanken, als den abgründlichsten Gedanken, als Gedanken aller Gedanken*“[1] ansah und empfand, während Möbius sie als das Schwachsinnigste bezeichnet, was Nietzsche überhaupt vorgebracht hat.[2] – Es kann endlich nicht eingegangen werden auf Nietzsches Stellung zur Religion im allgemeinen und zum Christentum insbesondere, obwohl diese hauptsächlich dazu beigetragen hat, Schlußbetrachtung

[1] Werke VI, 238.
[2] Vgl. a. a. O. S. 103; ebenso Drews, S. 334.

ihn in gewissen Kreisen populär zu machen. Nur so viel kann gesagt werden, daß niemals ein gleich unwahres, unwissenschaftliches und unhistorisches Zerrbild des Christentums gezeichnet, daß niemals die christliche Ethik in gleich roher, fanatischer und – alberner Weise entstellt, beschimpft und begeifert wurde.

Ich schließe mit dem Urteile, welchem ein Studiengenosse Nietzsches, der derzeitige Rektor der Berliner Universität,[1] in dem oben erwähnten Vortrage[2] Ausdruck gibt: „Wie dieser gottlose Wahn jäh zerstob, wie der himmelstürmende Übermensch plötzlich hinabgeschleudert ward in finstere Nacht, in die Nacht des Wahnsinns, dies ist uns allen noch in frischester, schmerzlichster Erinnerung. Nie hat sich die Titanentragödie in tragischerer Gestalt verwirklicht. Nie ist die Hybris in schauerlicherem Sturze gesühnt worden. Nie ist die Menschheit eindringlicher an ihre Grenzen erinnert worden."

[1] Die erste Auflage dieser Schrift erschien März 1906.

[2] Vgl. S. 5, Anm. 2.

FSC
www.fsc.org
MIX
Papier | Fördert gute Waldnutzung
FSC® C083411

Kolibri 360 GmbH
Ferdinand-Jühlke-Straße 7
99095 Erfurt, Deutschland
produktsicherheit@kolibri360.de